W0288425

© Imprimerie nationale - 1990 – ISBN 2-11-081075-0

AVANT-PROPOS

Cette troisième édition du *Lexique des règles typographiques en usage à l'Imprimerie nationale* reprend, en les complétant, les recommandations qui, depuis 1975, date de la précédente édition, semblent avoir répondu à l'attente de ses utilisateurs.

Mais le monde évolue, la PAO est apparue, élargissant l'audience de cet ouvrage. Balbutiante à ses débuts, maintenant maîtrisée, la PAO essaie d'approcher la qualité des compositions réalisées par les professionnels de l'imprimerie : les opérateurs de saisie, de quelque origine qu'ils soient, s'intéressent de plus près aux marches typographiques de composition.

Comme les règles du savoir-vivre, les règles du savoir-lire s'adaptent aux nouvelles techniques de communication, mais l'on ne saurait se soustraire à certaines contraintes sans lesquelles la vie deviendrait rapidement insupportable à chacun, à l'homme du visiophone comme au lecteur de mailer. S'il faut admettre qu'en communication imprimée une fantaisie adaptée au message est parfois séduisante, elle sera d'autant mieux appréciée qu'à travers une apparente confusion les règles de composition auront été respectées, facilitant le travail de lecture. Séduire le lecteur et faciliter la lecture résument les qualités d'une bonne typographie.

Ainsi, tel opérateur qui suivra scrupuleusement les marches typographiques recommandées par les codes pourra, par méconnaissance, laisser se couper des nombres composés en chiffres, réduira de façon inconsidérée les approches des caractères, laissera le lecteur avec une fin d'alinéa constituée d'une fraction de mot en haut d'une page… Sans prétendre à la rédaction d'un traité de typographie, c'est afin d'étendre l'usage de ce *Lexique* aux opérateurs de saisie des textes qu'ont été ajoutés quelques conseils de composition signalés en marge des pages.

LEXIQUE
DES
RÈGLES
TYPOGRAPHIQUES

Abréviations

On distinguera abréviations de circonstance et abréviations conventionnelles.

1. Les abréviations de circonstance sont celles destinées à simplifier l'écriture de certains ouvrages spéciaux (archives, catalogues, codes, dictionnaires, monographies, etc.). Un mot doit être suffisamment long et se présenter avec fréquence pour en être l'objet. Ces abréviations n'ayant de valeur que pour un ouvrage donné, il sera utile d'en dresser une liste à l'intention du lecteur.

2. Constituent des abréviations conventionnelles : les chiffres, les symboles (qui font l'objet de prescriptions légales) et les abréviations courantes qui sont fixées par l'usage et ne peuvent être modifiées sans risque de confusion.

On évitera les abréviations dans le cours du texte des travaux littéraires et des travaux courants non spécialisés. Par contre on les emploiera systématiquement dans les tableaux, notes, références, parties du texte composées entre parenthèses et, de façon générale, partout où la simplification ne peut nuire à la présentation et à la compréhension du texte.

On ne rencontre pas en principe d'abréviations dans les œuvres poétiques classiques ni dans les actes notariés.

L'abréviation se fait :

– par retranchement (toujours devant une voyelle et sans altérer, autant que possible, le radical du mot) des lettres finales que l'on remplace par un point, exception faite pour les points cardinaux;
– par retranchement des lettres médianes, la (les) finale(s) maintenue(s) étant mise(s) en supérieures ou en bas de casse sans point abréviatif.

Les abréviations par retranchement d'une seule lettre finale ne sont pas permises.

Exceptions :

> bdc. : bas de casse
> *i. e. : id est*
> s. l. n. d. : sans lieu ni date
> s. g. d. g. : sans garantie du gouvernement
> *loc. cit. : loco citato*
> *loc. laud. : loco laudato*

Les abréviations par retranchement des deux lettres finales ne sont tolérées que dans le cas où elles sont indispensables :

> liv. *pour* livre

Il est nécessaire d'exprimer une partie suffisante du mot abrégé pour permettre de le reconnaître aisément :

> Éc. des chartes *plutôt que* Éc. d. ch.

Certaines abréviations ayant plusieurs significations (sc. : scène ou science ; coll. : collection ou collaborateur...) ne seront pas employées si leur interprétation est douteuse. De même, pour certaines expressions pouvant être abrégées de plusieurs façons (bd ou boul., f° ou fol.), en particulier sous une forme latine ou française (c'est-à-dire : *i. e.* et c.-à-d. ; ouvrage cité : *op. cit.* et ouvr. cité) on veillera à employer toujours la même forme dans un même ouvrage ou dans une collection.

Le point abréviatif n'exclut pas l'emploi des signes de ponctuation exigés par la phrase, mais il se confond avec le point final ou les points de suspension.

> Que pensez-vous de l'emploi souvent abusif de l'abréviation etc. ?

Abréviation des nombres ordinaux : on abrégera première, deuxième, troisième... : 1re, 2e, 3e, et non 1ère, 2me ou 3ème...

Il convient de rappeler que 1°, 2°, 3°... sont les abréviations de *primo, secundo, tertio*..., le signe supérieur étant un *o* et non un zéro.

On proscrira la répétition des signes ou des lettres pour indiquer la pluralité :

> § 5 et 6 *et non* §§ 5 et 6
> p. 8-17 *et non* pp. 8-17
> f°s 2 et 3 *et non* ff. 2 et 3

La même observation s'applique à « etc. », abréviation qui ne doit jamais être renvoyée au commencement de la ligne (particulièrement à la fin d'un alinéa), ni répétée, ni suivie de points de suspension.

ABRÉVIATIONS COURANTES

Cette liste rassemble quelques exemples et n'est évidemment pas limitative.

Acad.	Académie
adj.	adjectif
Admin.	Administration
anc.	ancien
ann.	annexe
Antiq.	Antiquité
append.	appendice
apr.	après
apr. J.-C.	après Jésus-Christ
arch.	archives
Arch. nat.	Archives nationales
archéol.	archéologie
arithm.	arithmétique
arr.	arrondissement
art.	article
astron.	astronomie
av.	avant
av. J.-C.	avant Jésus-Christ
bd (*ou* boul.)	boulevard
bdc.	bas de casse
Bibl. nat. (*ou* BN)	Bibliothèque nationale
bibliogr. (*ou* biblio)	bibliographie
biol.	biologie
bot.	botanique
br.	broché
bull.	bulletin
c.-à-d.	c'est-à-dire (voir *i. e.*)
cap.	capitale
cart.	cartonné
Cass.	Cassation
cf.	*confer* (comparez avec)
ch.	chant
ch.-l.	chef-lieu
chap.	chapitre
chronol.	chronologie
Cie	Compagnie
circ.	circulaire
circonscr.	circonscription
C. civ.	Code civil

C. comm.	Code de commerce
C. just. mil.	Code de justice militaire
C. pén.	Code pénal
C. proc. civ.	Code de procédure civile
C. proc. pén.	Code de procédure pénale
C. trav.	Code du travail
col.	colonne
coll.	collection, collaborateur(s)
C^{on}	canton
CV	*Curriculum vitae*
del.	*delineavit* (a dessiné)
dép.	département
dict.	dictionnaire
doc.	document
D^{r}	docteur
E	Est
éd.	éditeur, édition
env.	environ
ÉO	édition originale
ÉOF	édition originale française
ép.	épître
épil.	épilogue
etc.	*et cetera*
Éts	établissements
étym.	étymologie
ex.	exemple
f.	feuillet
fasc.	fascicule
fém.	féminin
fg (*ou* faub.)	faubourg
fig.	figure
f^{o}, f^{os} (*ou* fol.)	folio, folios
géogr.	géographie
géol.	géologie
géom.	géométrie
gr. cap.	grandes capitales
graph.	graphique
grav.	gravure
h. t.	hors texte (adjectif et adverbe)
h.-t.	hors-texte (substantif)
hab.	habitants
haut. (*ou* H.)	hauteur
hist. nat.	histoire naturelle

ibid.	*ibidem* (au même endroit)
iconogr.	iconographie
id.	*idem* (le même)
i. e.	*id est* (c'est-à-dire) [*voir* c.-à-d.]
illustr. (*ou* ill.)	illustration(s)
Impr. nat. (*ou* IN)	Imprimerie nationale
inf.	inférieur
introd.	introduction
inv.	*invenit* (a créé, inventé)
invar.	invariable
ital.	italique
JO	*Journal officiel* de la République française
jur.	jurisprudence, juridique
l.	ligne(s)
larg. (*ou* l.)	largeur
lat.	latitude
libr.	librairie
liv.	livre
loc.	locution
loc. cit.	*loco citato* (passage cité)
loc. laud.	*loco laudato* (passage approuvé)
long.	longitude, longueur (*ou* L.)
M. (*et non* Mr), MM.	monsieur, messieurs
masc.	masculin
math.	mathématiques
max.	maximal, maximum
M^{e}, M^{es}	maître, maîtres
mécan.	mécanique
mém.	mémoire
Mgr (*plutôt que* Mgr)	monseigneur
Mlle, Mlles (*plutôt que* Mlle)	mademoiselle, mesdemoiselles
Mme Mmes (*plutôt que* Mme)	madame, mesdames
ms., mss	manuscrit, manuscrits
mus.	musique
myth.	mythologie
N	Nord
n^{o}, n^{os}	numéro, numéros
N.B.	*nota bene*
N.D.A.	note de l'auteur
N.D.E.	note de l'éditeur
N.D.L.R.	note de la rédaction

N.D.T.	note du traducteur
nouv.	nouveau, nouvelle
numism.	numismatique
O (*ou* W[1])	Ouest
op. cit.	*opere citato* (ouvrage cité) [*voir* ouvr. cité]
op. laud.	*opere laudato* (ouvrage approuvé)
ouvr. cité	ouvrage cité (*voir op. cit.*)
p.	page(s)
p. cap.	petites capitales
p. ex.	par exemple
p. i.	par intérim
p. o.	par ordre
paragr. (*ou* § [2])	paragraphe(s)
part.	partie
phot.	photographie
phys.	physique
pinx.	*pinxit* (a peint)
pl.	planche(s)
P.-S.	post-scriptum
QG	quartier général
rel.	relié, reliure
r°	recto
R.S.V.P.	répondez s'il vous plaît
S	Sud
sc.	scène, science
sc., sculp.	*sculpsit* (a sculpté, a gravé)
s. d.	sans date
s. l.	sans lieu
s. l. n. d.	sans lieu ni date
sect.	section
SP	service de presse
sq.	*sequiturque* (et suivant[e])
sqq.	*sequunturque* (et suivant[e]s)
St-, Sts-	Saint-, Saints- (n. propres)
Ste-, Stes-	Sainte-, Saintes- (n. propres)
subst.	substantif

1. Pour éviter la confusion qui pourrait se produire entre la lettre O et le chiffre 0 dans certains travaux comportant des notations de latitude et de longitude.

2. Le signe § ne s'emploie que devant un chiffre, jamais après l'article ou un déterminatif quelconque.

suiv.	suivant(e)[s]
sup.	supérieur
suppl.	supplément
t.	tome
trad.	traducteur, traduction
T.S.V.P.	tournez s'il vous plaît
v.	vers (poésie)
v°	verso
vol.	volume

À signaler que prennent la marque du pluriel de nombreuses abréviations (apocopes) devenues dans la langue courante de véritables mots :

des accus
des autos
des cinémas, des cinés
des dactylos
des métros
des micros
des motos
des photos
des pneus
des radios
des stylos
des taxis

Académie

Ce mot prend une capitale initiale quand il désigne une institution à caractère unique et national et qu'il est déterminé par un nom commun ou un adjectif. C'est le cas des cinq compagnies qui composent l'Institut (de France) :

l'Académie française
l'Académie des inscriptions et belles-lettres
l'Académie des sciences
l'Académie des beaux-arts
l'Académie des sciences morales et politiques

et celui d'autres sociétés savantes comparables, en France et à l'étranger :

l'Académie de marine
l'Académie de médecine
l'Académie de poésie et de musique
l'Académie royale espagnole
l'Académie des sciences (de l'URSS)
l'Académie suédoise
l'Académie royale (belge) de langue et de littérature françaises

Le mot *Académie* prend également une majuscule quand il est employé seul comme abréviation d'*Académie française* :

l'Académie fut fondée par Richelieu en 1635

et lorsqu'il désigne une école philosophique grecque :

l'Académie
l'Ancienne Académie
la Nouvelle Académie

Par contre, toujours au sens de « société savante » mais déterminé par un nom propre, le terme *académie* se composera en bas de casse :

l'académie Goncourt
l'académie Ronsard
l'académie de Bourges
l'académie des Jeux floraux

De même lorsqu'il désigne l'une des circonscriptions universitaires françaises :

l'académie d'Aix-Marseille
l'académie de Toulouse
l'inspecteur d'académie

Enfin, employé comme un nom commun au sens de « lieu où l'on pratique un art ou un sport », *académie* s'écrit naturellement avec une initiale bas de casse :

une académie de danse
une académie de billard

Accent (utilité de l')

En français, l'accent a pleine valeur orthographique. Son absence ralentit la lecture et fait hésiter sur la prononciation, sur le sens même de nombreux mots. Aussi convient-il de s'opposer à la tendance qui, sous prétexte de modernisme, en fait par économie de composition, prône la suppression des accents sur les majuscules. On veillera à utiliser systématiquement les capitales accentuées, y compris la préposition *À*. On évitera ainsi de désorienter le lecteur ou même de l'induire en erreur comme ce pourrait être le cas dans les deux exemples suivants, si les accents étaient omis :

ENFANTS LEGITIMES et ENFANTS LÉGITIMÉS de Louis XIV
ETUDE DU MODELE et ÉTUDE DU MODELÉ

Les polices non pourvues de tous les accents utilisés en français sont à l'origine de compositions accentuées en partie. Lorsqu'il s'agit de textes en grandes capitales, il conviendra dans tous les cas d'opter pour l'une des deux formules TOUS ACCENTS ou SANS ACCENTS et de proscrire les textes incomplètement accentués.

L'accentuation des noms propres est quelquefois négligée sur la copie dactylographiée (utilisation de majuscules non accentuées). Confiée à l'initiative du compositeur et du correcteur, la restitution de ces accents peut se révéler très délicate.

RAPPEL DE QUELQUES RÈGLES ORTHOGRAPHIQUES

Les verbes en *-er* portant un accent aigu sur l'avant-dernière syllabe (ex. : régler, accélérer, digérer) changent l'accent aigu en accent grave devant une syllabe muette, *mais conservent l'accent aigu au futur et au conditionnel* (ex. : je règle, je réglerai, je réglerais).

On veillera également à ne pas omettre l'accent circonflexe des première et deuxième personnes du pluriel du passé simple (nous aimâmes, vous fîtes, nous lûmes), de la troisième personne du singulier de l'imparfait du subjonctif (qu'il aimât, qu'il fît, qu'il lût) et de la troisième personne du singulier de l'indicatif présent des verbes en *-aître* (il connaît, il paraît).

Enfin, ce n'est qu'au masculin singulier que les participes passés des verbes « devoir » et « mouvoir » prennent l'accent circonflexe :

dû (*mais* dus, due, dues)
mû (*mais* mus, mue, mues)

QUELQUES PIÈGES DE L'ACCENTUATION

On remarquera, dans la liste suivante, que certains mots dérivés ont un accent qui n'existe pas dans le radical (exemple : réclusion *mais* reclus ; ténacité *mais* tenace) ; à l'inverse certains dérivés perdent l'accent du radical (exemple : fantomatique *mais* fantôme ; gracier, gracieux *mais* grâce)

abîme
abrégement
aciérie
accru
acre (surface)
âcre (saveur)
afféterie
affût
age (aratoire)
aîné
albâtre
alêne
allèchement
allégement
allégrement
ambiguïté
âpre
aromate
arôme
assèchement
assécher
assener
assidûment
atome
avènement
axiome
bagou
bailler (donner)
bâiller (ouvrir la bouche)
bâillon
barème
Barthélemy
bateau
bélître (Acad. belître)
benêt
benoît
besicles
bohème
Bohême
bohémien
Bohémien

boîte
boiter
boiteux
brasero
brèche
bûche
çà et là
câble
cafétéria
canoë
Casimir(-)Perier
cela, ça
celer
chaîne
chalet
Chalon-sur-Saône
Châlons-sur-Marne
chapitre
châssis
châtaigne
Chateaubriand
Châteaubriant
chenet
chrême
chrome
chute
ciguë
cime
Clemenceau
il clôt
côlon (intestin)
compatir (de pâtir)
il (se) complaît
condottiere
cône
congrûment
conique
connaître
continûment
coreligionnaire
cote (coter)
côte
coteau
cotre
coûter
crâne
crânien
crème
crémerie
crêpe
crêper
crêperie
crépi
crépine
crépon
crépu
crête
Crète (île)
crêter
crétois
cru (vin)
crû (de croître)
crue, crues, crus
crûment
cyclone
débâcle
déboîter
deçà
déceler
décru
dégainer
dégât
dégoût
déjà
déjeuner (*mais* jeûner)
delà
il déplaît
dépôt
dessèchement
dessouler (Acad.)
dévot
diffamer
dîme
dîner
diplomatie
diplôme
disgrâce
disgracier
dôme
douceâtre
drainer
drolatique
drôle
dû (de devoir)
due, dues, dus
dûment
il éclot (Acad.)
égout
égrener
emblème
emboîter
empiècement
empiétement
emplâtre
encablure
enchaîner
il enclot (Acad.)
engouement
enjôler
entraîner
envoûter
éperdument
épître
événement
exigu, exiguë
extrême
extrêmement
extrémité
faciès
faine
faîte
fantomatique
fantôme
féerie
féverole
fibrome
flâner
flûte
foret (outil)
fraîche
fret
fût (subst.)
futaie
futaille
futé
gâche
gâchette
gâchis
gaiement
gaieté
Gaîté (rue de la)
gaine
Gallieni
gangreneux

gelinotte
gêne
gène (biol.)
genèse
genet (cheval)
genêt (plante)
Gênes
Genève
Genevois
Génois
geôle
Georgie (USA)
Géorgie (URSS)
il gît
gîte
gnome
gnose
goéland
goémon
goitre
goulûment
grâce
gracier
gracieux
grêle
grève
Guatemala
Guatémaltèque
guérilla
hache
haine
haler (tirer)
hâler (brunir)
hâve
havre
Havre (Le)
holà
huître
ïambe
icône
iconoclaste
îlot
incongrûment
indu
indûment
infamant
infâme
infâmement
infamie
ingénument
irrécouvrable
irréligieux
irrémédiable
irréprochable
irréversible
à jeun
jeune
jeûne
jeûner
jeûneur
Liège
Liégeois
liséré
mâchicoulis
malström
mânes
maraîcher
mèche
Megévan
Megève
mitre
moelle
moellon
moutier
mû
mue, mues, mus
Nigeria
Nigérien
nûment
paître
pâmoison
paraître
pâture
paturon
pâtir
pédiatre
pèlerin
pèlerinage
pêne
piqûre
il plaît
poêle
poème
prétendument
pretentaine
préteur (magistrat rom.)
prêteur (qui prête)
psychiatre
ptôse
puîné
pupitre
pylône
racler
rafler
rafraîchir
ragoût
râler
râper
rapière
râteau
râteler
râtelier
ratisser
rebelle
rébellion
receler
reclus
réclusion
recouvrable
recru (épuisé)
recrû (recroître)
recrue, recrues, recrus
refréner
règle
règlement
réglementaire
réglementer
régler
reître
renâcler
rengainer
repartie
réplétion
retable
rets
réversible
réversion
révision
revolver
ru
ruche
ruine
Saint-Saëns
sécréter

sécrétion	tâter	troène
soûl, soûler	tatillon	urètre
spécimen	ténacité	Venezuela
Staël (Mme de)	toit	Vénézuélien
sur (de surir)	traîne	veto
sûr	traître	voilà
symptôme	trêve	voûte
syndrome	Trèves	zone

Accents utilisés dans les langues étrangères

Voir Lettres accentuées.

Achevé d'imprimer

Mention disposée en fin de volume indiquant notamment la date de fin de tirage, le nom de l'imprimeur, éventuellement les particularités de l'ouvrage, notamment l'indication du caractère de composition et du papier du tirage.

Acronymes

Voir Sigles.

Acte (théâtre)

Parties principales d'une pièce de théâtre, les actes se numérotent en chiffres romains grandes capitales :

> *Britannicus*, acte III ; *Le Cid,* acte V

Adjectifs de couleur

Voir Couleur (adjectifs de).

Administration

Voir Organismes d'État.

Adresse

Voir Code postal.

AFNOR

Association française de normalisation, Tour Europe, CEDEX 7, 92080 PARIS LA DEFENSE.

Organisme placé sous le contrôle de l'État, dont le rôle consiste à déterminer des normes applicables aux techniques, aux sciences et à de nombreuses activités humaines, en accord avec l'Organisation internationale de normalisation (ISO).

La norme constitue le résultat d'un accord librement consenti représentant un équilibre entre les exigences des utilisateurs (usagers, industriels ou consommateurs), les possibilités techniques de la production, les demandes de la distribution, les contraintes économiques des uns et des autres et l'intérêt général représenté par l'Administration.

L'une des fonctions essentielles de l'AFNOR est la diffusion en France des normes ainsi définies, leur application étant légalisée par décisions ministérielles.

NOTA. – Les normes sont classées en :

NF : Norme française ;
NF/EN : Norme française reproduisant intégralement une norme européenne ;
NF/ISO : Norme française reproduisant intégralement une norme internationale.

Agence

Voir Organismes internationaux *et* Sociétés.

Âges

Dans les ouvrages courants les nombres s'appliquant à des années et fractions d'années se composent en chiffres arabes lorsqu'ils expriment une durée de vie :

Mozart mourut à l'âge de 35 ans.

mais :

Il venait d'atteindre sa quinzième année.

S'appliquant à l'une des quatre périodes mythologiques :

l'âge d'or, l'âge d'argent, l'âge d'airain, l'âge de fer

ou à une époque historique :

l'âge de la pierre, l'âge du bronze, l'âge du fer

le mot *âge* s'écrit avec une initiale bas de casse, de même que le terme qui le définit. La seule exception est faite pour :

Moyen Âge

Algèbre

Voir Mathématiques (composition des).

Alinéa (composition en)

Voir Présentation du texte.

Allégorie, personnification, symbole

Les noms communs employés comme allégorie, symbole ou personnification se composent avec une capitale initiale :

les flèches de l'Amour
La Justice et la Vengeance divine poursuivant le Crime
La Liberté éclairant le monde
La Mort portant sa faux
Le tombeau du Soldat inconnu

Il en est de même des noms d'animaux, de plantes, d'objets ou d'abstractions personnifiés dans les fables et contes :

le Chêne et le Roseau
la Cigale et la Fourmi
la Besace
l'Envie

On mettra également des capitales aux symboles contenus dans les devises :

Liberté, Égalité, Fraternité
Dieu et mon Droit

Allemand (composition de l')

Les seules lettres accentuées en allemand sont ä, ö, ü. En lettres capitales, ces accentuations sont obligatoires, mais on peut aussi rencontrer Ae, Oe, Ue. Le double *s* peut se rencontrer sous la forme ß.

Les noms communs – comme les noms propres – prennent la capitale, ainsi que les adjectifs employés substantivement et les pronoms désignant les personnes à qui l'on parle.

Les guillemets sont utilisés soit sous les formes » (ouvrante) et « (fermante), donc à l'inverse du français, soit sous les formes „ (ouvrante) et " (fermante).

Les deux-points, les points d'interrogation et d'exclamation sont collés au mot qui les précède.

Ne pas couper : « ch » et « sch »

lachen → la-[chen

waschen → wa-[schen

et naturellement,

Sachschaden → Sach-[schaden.

Si « ck » doit être coupé, il devient « k-[k » :

drücken → drük-[ken.

Les abréviations courantes se terminent par un point :

bezw.	beziehungsweise	(respectivement)
ca.	circa	(environ)
d. h.	das heißt	(c'est-à-dire)
Dr.	Doktor	(docteur)
einschl.	einschließlich	(y compris)
Fr.	Frau	(Madame)
Frl.	Fräulein	(Mademoiselle)
Hl.	Heilig [subst.]	(Saint)
hl.	heilig [adj.]	(saint)
Hr.	Herr	(Monsieur)
Nr.	Nummer	(numéro)
Pf.	Pfennig	(monnaie)
Pfd.	Pfund	(livre)
S.	Seite	(page)
s.	siehe	(voir)
St.	Sankt	(saint)
Str.	Straße	(rue)
u.	und	(et)
u. a.	unter anderem	(entre autres)
usw.	und so weiter	(etc.)
vgl.	vergleiche!	(cf.)
z. B.	zum Beispiel	(par exemple)
z. Z.	zur Zeit	(actuellement)

ainsi que les nombres ordinaux :

17. Jahrhundert	(XVIIe siècle)
IV. Band	(volume IV)

Les sigles se composent sans points :

AG	société anonyme
BRD	République fédérale d'Allemagne
DDR	République démocratique allemande
GmbH	société à responsabilité limitée
IG	groupement d'intérêts
KG	société en commandite
VEB	entreprise socialisée (en RDA)

Alliage (titres d')

On généralisera l'emploi des signes % , ‰ pour indiquer les titres d'alliage :

Les laitons à haute résistance renferment 57 % de cuivre et 43 % de zinc.

Cependant, les titres de métaux précieux s'indiquent généralement sous forme fractionnaire :

Le titre admis pour les objets en platine est de 950/1 000 ; celui de l'or dit 1er titre (22 carats) est de 920/1 000 ; celui de l'or dit 3e titre (18 carats) est de 750/1 000.

Alliances

Voir Traités.

Anglais (composition de l')

Il n'y a aucune lettre accentuée en anglais.

Après un point, un point d'interrogation ou un point d'exclamation terminant une phrase, on met un cadratin.

Le deux-points, le %, les points d'exclamation et d'interrogation sont collés au mot qui les précède.

Aucun espace ne sépare le tiret long (ou « moins ») du mot ou du signe qui le précède ou le suit, à l'intérieur d'une phrase.

Les guillemets anglais sont figurés par deux virgules retournées " (pour ouvrir) et par deux apostrophes " (pour fermer). Dans une phrase « guillemetée », on peut utiliser – pour faire ressortir un mot ou marquer une citation de deuxième rang – une virgule retournée ' (pour ouvrir) et une apostrophe ' (pour fermer).

Une apostrophe placée à la fin d'un mot marque le possessif. Cette apostrophe est, en principe, suivie d'un *s*, sauf le cas où le mot lui-même se termine par la lettre *s*.

Le pronom I ne se compose jamais avec une lettre minuscule, même à l'intérieur d'une phrase. Éviter de le placer en fin de ligne.

Les noms des mois, des jours, les adjectifs de nationalité, les titres de civilité ou de noblesse accompagnés du patronyme portent toujours une capitale initiale :

> January (janvier), Monday (lundi)
> The French language (le français)
> une lady *mais* Lady Macbeth
> un lord *mais* Lord Byron.

Attention aux noms de saisons :

> spring, summer, autumn, winter

qui s'écrivent sans capitales.

Les abréviations courantes se terminent par un point :

a.m.	*ante meridiem*	(avant midi)
Co.	company	(compagnie)
e.g.	*exempli gratia*	(par exemple)
i.e.	*id est*	(c'est-à-dire)
ltd.	limited	(à responsabilité limitée)
No., no.	number	(numéro)
p.m.	*post meridiem*	(après midi)

Les abréviations suivantes ne prennent pas le point :

Dr	Doctor	(docteur)
Mr	Mister	(Monsieur)
Mrs	Mistress	(Madame)
Messrs	Misters	(Messieurs)
St	Saint	(saint)
mais		
St.	Street	(rue)
Sta	Santa	(sainte)
mais		
Sta.	Station	(gare)

1er, 2e, 3e s'écrivent 1st, 2nd, 3rd, mais les autres chiffres sont suivis de *th*, soit 4th, 5th, 6th... Ces lettres terminales sont collées aux chiffres.

Dans les nombres, une virgule sépare les tranches de trois chiffres et un point sépare les unités des décimales à l'inverse du français.

Année

L'année se compose en chiffres arabes dans la plupart des cas :

> La IIe République fut éphémère : proclamée le 25 février 1848, elle fit place au Second Empire le 2 décembre 1852.

Dans les actes notariés et la poésie, les dates, comme tous les nombres, se composent en lettres :

> Donné dans la ville d'Évreux l'an mil six cent cinquante-deux.

Les millésimes inscrits au bas des pages de titre se rencontrent souvent en chiffres romains grandes capitales.

NOTA. – Les dates ne s'abrègent que dans les expressions telles que les suivantes, consacrées par l'usage :

> les principes de 89
> les poilus de 14-18
> les années trente (c.-à-d. 1930 à 1939)
> Mai 68

mais on n'abrégera jamais ainsi :

> la guerre de 1939-45

On écrit :

> L'an 4000 av. J.-C.

mais

> 4 000 ans av. J.-C.

Voir aussi Dates.

Annexe

On appelle *annexe* un complément apporté à un ouvrage, complément formé de documents, remarques, commentaires, tableaux... qui n'ont pas trouvé leur place dans le texte et sont souvent placés en fin d'ouvrage. Comme il s'agit là de parties indépendantes, et non de subdivisions, on les numérotera en chiffres romains grandes capitales :

> En annexe IV, tableau comparatif des sources énergétiques dans le monde.

Anti

Les mots composés avec le préfixe *anti* s'écrivent sans trait d'union, sauf :

1. Dans tous les cas où le second élément commence par la lettre *i* :

> anti-impérialiste, anti-inflammatoire

2. Lorsque *anti* est collé à un mot composé :

anti-franc-maçon, anti-sous-marin

3. Dans les noms géographiques suivants :

Anti-Atlas, Anti-Liban, Anti-Taurus

4. Dans les mots formés pour la circonstance, tels que :

anti-bruit, anti-roman, anti-théâtre

Apostrophe

Signe qui indique une élision. En français, l'apostrophe est d'un usage courant pour éviter l'hiatus entre les articles singuliers et les mots commençant par une voyelle :

l'aurore, d'une...

L'emploi de l'apostrophe, naguère d'usage dans les substantifs grand'père, grand'mère, grand'oncle, a définitivement laissé place aujourd'hui à la division (grand-père, grand-mère, grand-oncle).

À noter la graphie :

aujourd'hui.

À ne pas confondre : le *t*, pronom élidé dans « va-t'en », avec le *t* euphonique placé entre traits d'union dans la forme interrogative « y a-t-il... ? », « chante-t-il ? ».

Appel de note

L'appel de note ou renvoi marque dans un texte l'emplacement d'un commentaire – ou note – situé en dehors de ce texte.

FORME ET EMPLOI

Simple repère, l'appel de note doit être à la fois clair et discret, ce à quoi tendent les formes les plus courantes :

1. *L'astérisque* *

C'est sans doute le plus esthétique des appels de note quand il est simple ou double, mais on ne peut l'utiliser au-delà du triple dans une page. Sous cette réserve, il est à recommander dans un titre ou un poème et son emploi est apprécié dans les ouvrages scientifiques (excepté en mathématiques « modernes » et parfois en sciences naturelles, où il peut avoir un sens particulier).

Éviter de le placer entre parenthèses ; en cas d'absolue nécessité n'utiliser que des parenthèses supérieures.

2. *Les chiffres supérieurs sans parenthèses* ^{1}

Ce sont les plus simples et les plus discrets des renvois. Ils sont particulièrement indiqués dans les corps de caractères supérieurs à la moyenne et, d'une façon générale, dans les travaux soignés. Toutefois, on évitera ce procédé dans les ouvrages où la confusion serait possible avec les exposants.

3. *Les chiffres supérieurs entre parenthèses* $^{(1)}$

Moins discrets mais plus faciles à retrouver dans le texte que les précédents, ils ne prêtent pas à confusion. L'utilité des parenthèses reste cependant discutable.

On proscrira l'utilisation de parenthèses du corps du texte avec les chiffres supérieurs : (^{1}).

4. *Les chiffres du corps entre parenthèses* (1)

Ils représentent la solution de facilité, étant souvent le reflet pur et simple de la copie dactylographiée. Ils offrent l'avantage d'être très lisibles dans le petit caractère. Ailleurs, ils sont généralement trop voyants et leur rencontre avec les parenthèses du texte n'est pas toujours heureuse. Leur graphie proche de celle des formules mathématiques les exclut de nombreux travaux scientifiques.

Les notes peuvent être numérotées par page, par chapitre, par section, par partie... Le numérotage à la suite sur une partie de l'ouvrage présente l'avantage, sur le numérotage par page, d'éviter l'indispensable renumérotage des notes lors de la mise en pages.

5. *Les lettres supérieures en romain sans parenthèses* ^{a}

Souvent employées dans des travaux d'érudition pour signaler des variantes du texte. Dans ce cas pour les appels de notes proprement dits on emploiera les chiffres supérieurs sans parenthèses.

6. *Les lettres italiques bas de casse entre parenthèses* (*a*)

Elles sont en principe réservées aux sous-notes, mais on les emploie aussi dans les colonnes de chiffres des tableaux.

En conclusion, avant de faire choix d'un type d'appel de note, il faut, d'une part, tenir compte de la nature du texte considéré et, d'autre part, s'assurer que la forme envisagée n'est pas déjà utilisée par l'auteur à d'autres fins.

Cela dit, il semble que la solution la meilleure – et valable pour le plus grand nombre de travaux – serait l'adoption de l'astérisque dans les titres et les ouvrages scientifiques et celle des chiffres supérieurs sans parenthèses dans les autres textes.

PLACEMENT

Dans une colonne de chiffres, l'alignement vertical ne doit pas être modifié par la présence d'un appel de note dans le blanc de droite ou dans celui de gauche.

Dans le texte, l'appel de note se place immédiatement après le mot ou le groupe de mots auquel il se rapporte et dont il est séparé soit par une espace forte insécable, s'il est lui-même entre parenthèses, soit par une espace fine insécable, s'il est composé en chiffres ou lettres supérieurs. L'appel de note ne doit jamais être rejeté au commencement d'une ligne.

L'appel de note précède donc toujours le signe de ponctuation. En fin de phrase, il sera suivi du point final, même s'il est précédé du point accompagnant un mot abrégé. En fin de citation, il se place avant le guillemet fermant.

> Veuillez agréer [1]...
>
> ... le nom attribué à une rue, à un établissement, etc.[1].
>
> Chateaubriand l'appelle « le grand expiateur [1] ».

Dans un système d'appels de note entre parenthèses, l'appel accompagnant une phrase elle-même entre parenthèses se place entre crochets.

APPELS DE NOTES BIBLIOGRAPHIQUES

Ce sont ceux qui font référence à une liste d'ouvrages située en fin d'article, de chapitre ou de volume. On les composera en chiffres du corps *entre crochets,* pour les distinguer des appels renvoyant aux notes en bas de page.

Appendice

Voir Annexe.

Approches

Déterminés par le créateur du caractère, ces blancs placés devant et derrière le signe évitent que les caractères ne soient collés entre eux. La modification de la valeur de ces approches (majoration, mais surtout réduction) se fait toujours au détriment de la lisibilité.

Arabe (noms propres transcrits de l')

Il n'existe pas, semble-t-il, actuellement (sauf pour certains ouvrages didactiques ou d'étude dialectale) de système normalisé pour la transcription des langues qui, comme l'arabe, n'utilisent pas les caractères latins.

Dans les ouvrages spécialisés (études de textes, traductions, etc.), on respectera donc les graphies choisies par l'auteur.

En ce qui concerne les autres travaux, pour limiter le nombre des graphies contradictoires que l'absence d'indications précises pourrait entraîner, on s'en tiendra aux règles suivantes :

Noms de lieux

Tous les éléments des noms composés sont reliés par des traits d'union.

Les mots *bel, ben, beni, bou, ma, mta, ou, oum,* ainsi que l'article *el-* (ou *al-*) et ses variantes *ech-, ed-, en-, er-, es-, et-, ez-* (ou *ach-, ad-, an-*, etc.) s'écrivent :

– à l'intérieur de ces noms, en bas de casse :

Sidi-bel-Abbès	Aïn-mta-Ourden
Misra-ben-Kara	Ahmed-ou-Moussa
Aziz-beni-Koufi	Iflissen-oum-el-Lil
Sidi-bou-Saïd	Bab-el-Mandeb
Ouerz-ed-Din	Oum-er-Rebia

– en début d'appellation, avec une initiale capitale :

Bel-Keïtar	Ma-Allah
Ben-Bechir	Mta-Sempha
Beni-Mellal	Oum-el-Boaghi
Bou-Nouara	El-Oued
Ed-Dis	Er-Ressas
En-Nemeur	Es-Sora

Les termes géographiques communs empruntés à l'arabe, comme *chott, djebel, oued, sebkha,* ne retrouvent la majuscule et ne sont suivis d'un trait d'union que lorsqu'ils font partie du nom d'une localité :

le chott Ech-Chargui	l'oued Chélif
le djebel Druze	la sebkha Et-Takerma
Djebel-Djelloud	Oued-Zem

Noms de personnes

Ils suivent, en ce qui concerne l'emploi des minuscules et des majuscules, les mêmes règles que les noms de lieux. Mais le trait d'union ne se rencontre qu'après les diverses formes de l'article (cf. ci-dessus) :

Abd el-Aziz	Haroun ar-Rachid
Abd el-Kader	Ibn Saoud
Ben Bella	Mohammed ben Youssef
El-Ghazali	Youssouf ibn Tachfin

Les titres ou fonctions (tels *cheikh, imam, khan, pacha*...) se composent généralement en bas de casse, qu'ils fassent ou non partie d'une dénomination propre :

l'imam de Mascate
le khan Oghoul
le pacha Ali
le sultan du Maroc
Gengis khan
Lamine bey
Mustapha Kemal pacha
Timur chah

Armée

Les unités constitutives d'une force armée sont caractérisées par un numéro que l'on compose en chiffres arabes :

la 7e armée
la 10e division aéroportée
le 3e corps d'armée
la 3e escadre de chasse
le 5e bataillon
la 317e section

Dans les ouvrages spécialisés, afin d'éviter toute confusion, on composera arbitrairement en chiffres arabes les numéros des unités françaises ou alliées et en chiffres romains grandes capitales les numéros des unités ennemies. On procédera de même chaque fois qu'il sera nécessaire de distinguer des unités de nationalités différentes.

Voir aussi Unités militaires.

Arrondissement (numéros d')

Dans un texte, les numéros des arrondissements constituant des subdivisions administratives de certaines grandes villes françaises se composent en chiffres arabes suivis de la terminaison abrégée de l'ordinal. Les chiffres romains, que l'on rencontre parfois, présentent en effet des inconvénients, en particulier des risques de confusion (par exemple entre II et 11) ou d'inversion (IV et VI).

Les 5e et 6e arrondissements de Paris sont situés de part et d'autre du boulevard Saint-Michel.

Lorsqu'il s'agit de rédiger une adresse en vue d'une expédition, on suivra les prescriptions du code postal : le numéro d'arrondissement est inclu dans le numéro de code :

Hôtel Opéra
10, rue Garet
69001 LYON

sauf pour le courrier d'entreprise à distribution exceptionnelle :

> Imprimerie nationale
> 27, rue de la Convention
> 75732 PARIS CEDEX 15

Article et particule patronymiques

Voir Particule patronymique.

Assemblée

Voir Organismes d'État (uniques) *et* Organismes internationaux.

Association

Voir Organismes internationaux *et* Sociétés.

Astérisque

Ce signe, figurant une étoile, indique généralement un renvoi. On l'utilise de préférence aux chiffres quand ceux-ci risquent de créer une confusion, dans les ouvrages scientifiques, les tableaux, etc., à condition toutefois qu'il n'y ait pas plus de trois notes par page ou par tableau et cela pour des raisons esthétiques évidentes.

> 30 823 *
> (– 8 %) **
> 2 756 ***

On l'emploie aussi comme appel de note dans les titres composés en capitales d'un corps supérieur à celui du texte. L'astérisque peut être également utilisé dans un sens convenu ; une note explicative en donnera alors la signification au début du volume.

Un nom propre que l'on désire taire ou dont on ne veut indiquer que l'initiale sera remplacé par trois astérisques :

> Il se rendit chez M. ***
> La voiture de Mme G***

Les trois astérisques ⁂ marquent une coupure importante dans un texte entre deux alinéas. On ne les emploie jamais avant un titre ou un sous-titre. Ils ont valeur de chapeau et non de cul-de-lampe. Lorsque la coupure se produit en pied d'une page, ils seront placés au début de la page suivante.

Dans certains ouvrages spéciaux – de philologie, de sciences naturelles, notamment – l'astérisque peut avoir une signification particulière et se trouver soit avant, soit après le mot auquel il se rapporte. Son emploi comme appel de note est alors exclu.

Rappelons que l'astérisque est aussi un symbole mathématique.

REMARQUE. – On veillera à n'utiliser, dans un même ouvrage, qu'un seul type d'astérisque. Ce signe, employé comme renvoi, sera séparé par une espace fine insécable du chiffre ou de la lettre qui précède.

Astres

Les noms de constellations, étoiles, planètes prennent une capitale initiale au mot déterminant, ainsi qu'à l'adjectif qui le précède :

la Croix du Sud
l'Étoile polaire (la Polaire)
la Grande Ourse
la Voie lactée

Les mots *soleil, terre, lune* s'écrivent :
– avec une majuscule quand ils désignent l'astre, la planète ou le satellite lui-même :

la distance de la Terre au Soleil
la conquête de la Lune

– avec une minuscule dans les autres cas :

un coucher de soleil
les biens de la terre
le clair de lune

Auteurs (noms d')

Voir Bibliographie *et* Particule patronymique.

Avant-propos

L'avant-propos est rédigé par l'auteur lui-même. C'est une courte introduction à l'ouvrage. Il se compose généralement en romain.

Voir aussi Parties d'un ouvrage.

Avertissement

Texte placé au début d'un volume, entre le grand titre et le début de l'ouvrage, et destiné à attirer l'attention du lecteur sur un point particulier.

Préface, avis, introduction ont parfois le même usage.

Voir aussi Parties d'un ouvrage.

Avions (noms propres d')

Voir Véhicules.

Banque

Voir Organismes internationaux *et* Sociétés.

Bas de casse (lettre)

L'emplacement occupé par les lettres minuscules dans la casse, où étaient distribués les caractères en plomb, a servi dans la profession à désigner ces caractères. Ce terme générique reste d'usage en photocomposition. Par bas de casse, il faut entendre lettres minuscules.

Bateaux (noms propres de)

Voir Véhicules.

Belle page

Voir Page.

Bible

Les titres des livres constituant la Bible se composent en romain :

La Genèse, l'Exode, le Lévitique, le Cantique des cantiques.

Les numéros des livres se composent en chiffres romains grandes capitales :

I Corinthiens, XV, 1-17.

Bibliographie

DÉFINITIONS

Bibliographie. – Répertoire d'ouvrages ou de publications sur un sujet déterminé. La bibliographie peut être sommaire ou exhaustive, signalétique ou analytique, thématique, critique... Elle peut s'intituler *Bibliographie, Orientation bibliographique, Indications bibliographiques, Références bibliographiques...* Elle est située le plus souvent en fin d'ouvrage (avant les index et les tables) ou en début (après les introductions), en particulier dans les travaux d'érudition. Dans les grands formats, elle est présentée le plus souvent en deux colonnes.

Il existe de nombreux ouvrages dont l'objet essentiel ou unique est de recenser en une liste la plus exhaustive possible les ouvrages ayant traité un domaine particulier, classés dans un ordre alphabétique ou chronologique ou thématique. Exemples : *Bibliographia politica* de G. Naudé (1633). – *Manuel de l'amateur de livres du XIXᵉ siècle. – La France révolutionnaire, Annales de bibliographie méthodique. – Essai de bibliographie hippique. – Trésor du bibliophile romantique et moderne,* etc. Ces répertoires comportent l'indication détaillée des différentes éditions d'un même ouvrage, une description du livre, le plus souvent une analyse et/ou une étude critique. Les revues spécialisées (de bibliophilie par exemple) publient des bibliographies très étendues. Les catalogues de bibliothèques, d'expositions, de ventes publiques ou de libraires constituent autant de bibliographies, souvent poussées, établies par des experts, et dans lesquelles les numéros importants sont suivis eux-mêmes de leurs propres références bibliographiques.

Références bibliographiques. – Information donnée dans le cours du texte, soit entre parenthèses, soit le plus souvent en note, précisant l'origine d'une citation ou renvoyant sur un point particulier à un ouvrage ayant plus spécialement étudié le problème évoqué. Elle comporte la mention de l'auteur à la première occurrence, suivie de la page ou des pages auxquelles on renvoie. Aux mentions suivantes du même ouvrage on écrit simplement *op. cit.* ou *loc. cit.* ou bien *op. laud., loc. laud.,* s'il s'agit du même auteur et du même titre, plus simplement encore *ibidem* ou *ibid.*

PRÉSENTATION TYPOGRAPHIQUE

Dans un même ouvrage, il importe de respecter l'unité de présentation des œuvres mentionnées dans le texte, dans les notes et dans le répertoire bibliographique, et l'on veillera à un emploi unifié des expressions synonymes : *cf. / voir; in / dans; infra / ci-dessous, ci-après; supra / ci-dessus; op. cit. / ouvr. cité; sq., sqq. / et suiv...* Longtemps en faveur, les formules latines font maintenant place aux formules françaises correspondantes, à l'exception de *op. cit.*

Il importe que les éléments signalétiques des ouvrages soient mentionnés dans l'ordre préconisé par les normes AFNOR :

1. *Auteur(s).* Nom, prénoms, qualité et titres professionnels ou universitaires (mêmes mentions pour les collaborateurs éventuels).

2. *Œuvre.*

a. Titre : il peut s'agir d'un ouvrage isolé ou faisant partie d'une collection, d'une contribution à un ouvrage collectif, d'un article ou d'une traduction.

b. Nom des auteurs de la préface et/ou de l'avant-propos, de la postface, etc. ; nom de l'« éditeur » (celui qui a établi le texte), du présentateur, du commentateur, de l'auteur des notices et notes ; nom du traducteur et mention du titre original ; nom de l'illustrateur ; mention éventuelle du prix littéraire attribué à l'œuvre.

c. Indication de l'édition : édition originale, pré-originale, 2e édition, etc. (une convention, répandue dans les ouvrages savants, indique l'ordre de l'édition par un chiffre ou un nombre supérieur à la suite du titre) ; édition fac-similé, réimpression, nouveau tirage, reprint…

d. Titre de la contribution ou de l'article, suivi de l'intitulé de l'ouvrage collectif, de la revue, du périodique, du journal où est paru ce texte ; tomaison, numéro, année, mois, pagination de l'article dans la livraison.

3. *Éditeur.* Nom ou raison sociale, lieu et date de publication. Il arrive que des œuvres ne comportent pas soit la mention d'éditeur, soit la date de parution, soit les deux à la fois. La notice bibliographique comporte dans ce cas les abréviations : *s. l.* (sans lieu), *s. d.* (sans date) ou *s. l. n. d.* (sans lieu ni date). Lorsque l'un des éléments peut être rétabli, il est noté entre crochets de restitution.

4. *Description.* Format : in-plano, in-4°, in-8°, in-12… ou, avec la généralisation de la reliure sans couture, dimensions en centimètres (la largeur précédant la hauteur) ; nombre de pages ; nombre des illustrations et nature de celles-ci (photogravure, trait, hélio, offset, estampes...), en vignettes (dans le texte), en pleine page, en double page, hors texte (montées sur onglet éventuellement), en couleurs ; mention des cartes, tableaux, graphiques (éventuellement dépliants) ; énoncé des différentes parties de l'ouvrage ; description de la couverture ou de la reliure (mention du nom du relieur).

5. *Mentions annexes.* Prix, numéro de rubrique d'un catalogue, cote de classement de bibliothèque, ISBN, et éventuellement ISSN...

6. *Commentaire, analyse, étude critique,* ceux-ci composés en corps inférieur ou tout au moins dégagés de la référence bibliographique.

Aujourd'hui s'est établie une marche à la fois simple et claire adoptée par une majorité d'auteurs et d'éditeurs dans la rédaction et la présentation des bibliographies.

En l'absence de prescriptions de l'auteur, la présentation adoptée à l'Imprimerie nationale pour les travaux courants est la suivante :

– *pour un ouvrage*

DOMENACH (Jean-Luc) et RICHER (Philippe), *La Chine, 1949-1985,* Paris, Imprimerie nationale, coll. « Notre Siècle », 1987, 504 p.

– *pour une contribution à un ouvrage collectif*

ROTH (François), « Les Luxembourgeois en Lorraine annexée, 1871-1918 », dans POIDEVIN (R.) et TRAUSCH (G.), *Les relations franco-luxembourgeoises au début du XXe siècle,* Metz, Centre de recherches Relations internationales, 1978, t. II, p. 175-183.

– *pour un article dans un périodique*

WALTER (Rodolphe), « Le parc de Monsieur Zola », *L'Œil,* n° 272, mars 1978, p. 18-25.

QUELQUES AUTRES EXEMPLES DE PRÉSENTATION, pour des travaux spécialisés

Références bibliographiques

1. *Placées dans le texte.*

Dans son ouvrage *Études sociologiques sur les couches salariées,* paru aux éditions Marcel Rivière, Roger Girod constate que les employés des services administratifs...

Nous savons, grâce aux recherches de J. MEUVRET (« Les crises de subsistance et la démographie de la France d'Ancien Régime », revue *Population,* n° 3, 1954), que la dépopulation des communes...

2. *Placées en notes.*

* « Ce tour, dit BRUNO (*La pensée et la langue,* p. 363), devient de plus en plus usuel. »

** Consulter à ce sujet l'excellente étude de Henri MENDRAS, *Sociologie de la campagne française* (collection « Que sais-je? », n° 842, PUF).

1. HOMÈRE, *Odyssée* (trad. V. Bérard), éd. La Pléiade, p. 561-565.

2. HATZFELD (A.), DARMESTETTER (A.) et THOMAS (A.), *Dictionnaire général de la langue française,* précédé d'un *Traité de la formation de la langue française,* 2 vol., Delagrave, Paris, 1890-1900. Réimpr. 1964.

a. Durand (Pierre), *op. cit.*, t. VI, liv. II, chap. iv, p. 15, 17, 23-30.

b. Ibid., t. III, liv. IV, chap. viii, § 2, p. 53 *sq.*

c. Cf. Maurice Baumont, « Les conjurés », dans *La grande conspiration contre Hitler,* p. 67-92, collection « Les grandes conspirations de l'Histoire », Del Duca, Paris, 1963, gr. in-8°, vi-264 p., 46 fig., 5 cartes et 16 pl. hors texte, 32 F.

Liste signalétique

1. *Ouvrages.*

Baudelaire (Charles), *Petits poèmes en prose.* Éd. critique par Robert Kopp. J. Corti, Paris, 1969. 13,5 × 22 cm, 433 p.

Céline (Louis-Ferdinand), *Rigodon.* Préface de François Gibault. Gallimard, Paris, 1969. In-8° broché de 321 pages sous jaquette illustrée.

Dumas (Alexandre), *Mes Mémoires.* Texte établi et annoté par P. Josserand. Coll. « Mémoires du passé pour servir au temps présent », Gallimard, Paris, 1968. In-8°, 496 p.

Chaligne (Colonel D.). *Histoire militaire de Verdun.* Paris, Lavauzelle, 1939.

Bornecque (Pierre et Jean-Henry). *La France et sa littérature,* Guide complet dans le cadre de la civilisation mondiale. A. Devigne, 17, rue du Mulet, Lyon, 1968. 14,5 × 19 cm, 896 p., graph., dépliants, tables, fig., cartes coul. Couverture illustrée couleurs.

Lefebvre (Henri). – *La vie quotidienne dans le monde moderne.* – Gallimard, s. l. n. d. [Paris, 1968], 383 p. Biblio.

Analyse de l'évolution de la société moderne depuis la fin du xixe siècle. Cette société n'est qu'une transition où l'on voit s'effondrer peu à peu les valeurs anciennes, non encore remplacées.

Guide sommaire des ouvrages de référence en sciences, sous la direction de Jean Meyriat, avec le concours de Serge Hurtig et L. Marcou. Fondation nationale des sciences politiques, Paris, 1968, 15 × 24 cm, 61 p., biblio, index.

Cet ouvrage est le premier de la série « Répertoires documentaires ». Volontairement sommaire, il s'adresse à ceux qui abordent un domaine d'études qui ne leur est pas familier.

L'efficacité, objectif numéro un des cadres, par Peter Drucker, traduit de l'américain par J. Leymarie. Les Éditions d'organisation, 9, rue de Thann, Paris 17e. Un volume 15,5 × 24 cm broché de 176 pages. Prix : 27 F.

Nous découvrons en France l'ampleur des problèmes des cadres. Sans suivre encore les Américains, qui voient en ceux-ci la première richesse de l'entreprise...

Le scandale du développement, par Jacques Austruy, avec des commentaires par G. Leduc et L.-J. Lebret et une bibliographie analytique et critique par Guy Claire. Nouvelle édition corrigée et mise à jour. Marcel Rivière et Cie, Paris, 1968.

Furetière (Antoine). *Le Roman bourgeois.* Paris, L. Billaire, 1666, in-8°. Arsenal, 8° BL 19556.

— *Fables morales et nouvelles.* Paris, C. Barbin, 1671, in-12. Bibl. Sainte-Geneviève, Y 8° 1351 inv. 2821 Rés.

Id. *Fables morales,* etc.

Deloffre (F.) et Rougeot (M.). *Chansons et bons mots, Valentins, Lettres portugaises.* Genève, Droz / Paris, Minard, coll. « Textes littéraires français ».

LETTRES / PORTUGAISES / AVEC / LES RESPONSES / traduites / en François / [Fleuron] / A LYON, / chez Claude Muguet, rue / Mercière, au bon Pasteur / [**Filet**] M. DC. LXXIV / **avec permission.**

295. ÉRASME. *Vulgationes colloquendi formulae.* – Paris, Louis Begat pour lui-même, 1550.

In-4°, 20 ff. n. ch.; sign. a-e [4].

Titre (R. et I.) : ❧ REPETENDAE *fleuron* || Lectionis ratio, vnà cũ|| VVLGATIORIBVS COLLO||quendi formulis, quæ & ad emen-||datè loquendum, & mores in-||stituendos condu-||cunt.|| AVT.HORE D. ERASMO ROTERODAMO.|| *Marque de Louis Begat, n° 35.* || PARISIIS.|| E typographia Lodoici Begatij ſub inſigni Phœnicis, || ad Scholas Remenſes.|| 1550. ||

a 1 r° : titre. – *v° :* « Formulae colloquiorum quae in hoc libello continẽtur. » – *a 2 r° :* début du texte. – *e 4 r° :* fin du texte. – *v° bl.*

R. 190 (?), R. 119 (?), R. 79 (?), I. 113, Grec 79 (?); lettres ornées, marque.

b, bij, biij (I.); *b 2 r°* : (I.), 30 ll. , 171 (176) × 100 mm. *(Voir pl. B (II) 24 et 25.)*

Contient le *De ratione studii ad Christianum Lubecensem epistola,* suivi de 14 dialogues d'Érasme : *Modus repetendae lectionis, Monitoria, De lusu, Pila, Ludus globorum missilium, Ludus spherae per annulum ferreum, Saltus, Confabulatis pia, Venatio, Euntes ludum litterarium, Alia (Scite tu quidem pingis), Herilia, Diluculum, Echo.*

Édition connue de la *Bibliotheca Belgica,* mais non décrite.

Bibliotheca Belgica, p. 759 ; *Bibliotheca Erasmiana,* p. 45 ; Buisson, *Ouvrages pédagogiques,* p. 230. Bibl. nat., * Z. 3412.

(Extrait de Philippe Renouard, *Imprimeurs et Libraires parisiens du* xvie *siècle...* Imprimerie nationale, Tome troisième, p. 225.)

2. *Contributions et articles.*

Declercq (Gilles). « Perrault », dans *Dictionnaire des littératures de langue française.* Paris, Bordas, 1984, t. III, p. 1736-1738.

Clarac (Pierre). Note bibliographique dans l'édition des *Œuvres complètes de La Fontaine.* Paris, NRF (Collection de la Pléiade), 1942.

WALTER (Henriette), « Toponymie, histoire et linguistique : l'invasion franque en Gaule », dans les *Actes du XIIIe Colloque international de linguistique fonctionnelle, Corfou, 1986*. Paris, SILF, 1987.

THÉRY (Irène), BIET (Christian). – « Portalis ou l'esprit des siècles » in *La Famille, la Loi, l'État*. – Paris, Imprimerie nationale, 1989, p. 104-121.

GIRAUD (Jean), « Une source inconnue du *Rhin* de Victor Hugo, les *Estats, Empires et Principautez* de Pierre Davity », *Revue d'Histoire littéraire de la France*, 1922.

BJÖRKUND (U.), « Ethnicité et État-providence », *Revue internationale des Sciences sociales*, 1987, *39*, n° 111, p. 21-33, 3 phot., bibliographie (1 p.).

REMARQUE. – L'AFNOR a publié une série de normes Z 44 portant sur la *Rédaction de la description bibliographique*. Ce guide à vocation internationale élaboré en fonction des impératifs du traitement informatique s'applique plus spécialement aux ouvrages récents et prend en compte les principes de la Description bibliographique internationale normalisée / International Standard Bibliographic Description (ISBD). Il fait appel à de nombreux symboles de ponctuation (. – , = / :; [ ] ... ou simple espace) et à un chaînage à plusieurs zones et à plusieurs niveaux informatiques. Ces normes, d'application obligatoire pour l'établissement de fichiers d'exploitation universelle, mais traitant du dépouillement *a posteriori* de données à mettre en programme, n'ont guère d'incidence sur l'établissement et la présentation des bibliographies sur le plan éditorial, où c'est le respect de l'exactitude documentaire des titres et des adresses qui continue de prévaloir et dont l'économie rédactionnelle et la clarté restent un atout déterminant.

Bibliothèques (noms de)

On mettra une majuscule au mot caractéristique, qui peut être un nom propre, un adjectif dérivé d'un nom propre, ou encore le mot *Bibliothèque* lui-même s'il est accompagné d'un adjectif non dérivé d'un nom propre :

la bibliothèque d'Alexandrie
la bibliothèque municipale de Clamart
la bibliothèque Sainte-Geneviève
la bibliothèque Mazarine
la bibliothèque Ambrosienne à Milan
la Bibliothèque nationale

Bon à tirer (BAT)

Ultime épreuve (ou jeu d'épreuves) jugée satisfaisante par l'auteur ou l'ordonnateur, tant sur le fond que sur la forme, et sur laquelle il appose sa signature précédée conformément à l'usage de la mention « Bon à tirer ». Il peut encore subsister à ce stade quelques ultimes corrections. Dans ce cas le signataire use de la formule : « Bon à tirer sous réserve des corrections pages... ».

Le bon à tirer est un document contractuel par lequel le signataire engage sa responsabilité à l'égard de la chose imprimée et délivre l'autorisation de procéder au tirage.

Le bon à tirer est de plus en plus souvent complété par l'approbation du rendu couleur de l'imprimé et devient ainsi un « Bon à tirer pour le texte et la couleur ».

Botanique et zoologie

Dans les ouvrages de botanique et de zoologie, on composera avec une capitale initiale les noms d'embranchements, classes, ordres, familles, genres :

les Monocotylédones	les Protozoaires
les Phanérogames	les Vertébrés

Les noms d'espèces latinisés se mettent en italique avec une majuscule au premier mot :

Acanthocephalus jacksoni Bullock 1962
Rhadinorhynchus tenuicornis (Linton) Van Cleave 1918

Bourdon

Omission de texte due à un oubli du compositeur, ou saute due à une correction défectueuse ou mal « bornée ». C'est l'inverse du doublon.

Bureau

Voir Organismes d'État *et* Organismes internationaux.

Cadratin

En composition typographique, blanc « carré » dont le côté est égal à la force de corps du caractère utilisé.

Le cadratin utilisé en composition mécanique et en photocomposition, tout en approchant cette valeur, est variable selon la chasse du caractère.

Cahier

C'est le résultat du pliage d'une feuille ou fraction de feuille ou de plusieurs feuilles encartées en vue de constituer une succession de feuillets de même dimension au moins solidaires deux à deux par le pli correspondant au dos de l'ouvrage lorsqu'il s'agit de reliures, de brochures cousues ou de piqûres.

Les cahiers peuvent être *assemblés* pour les reliures, brochures cousues et reliures « sans couture » (collées) ou *encartés* pour être piqués « à cheval ».

Caisse

Voir Organismes d'État.

Calendrier républicain

Voir Dates.

Calibre

Le calibre d'une arme s'exprime en chiffres arabes. Ceux-ci sont habituellement accompagnés du symbole de l'unité de mesure :

> Le fusil Lebel avait un calibre de 8 mm.

Le calibre est souvent substantivé pour indiquer l'arme elle-même. En ce cas le symbole d'unité de mesure est sous-entendu :

> On trouva sur le suspect un 7,65 et un 6,35.

Capitale (emploi de la)

La capitale n'est pas seulement le signe distinctif du nom propre. On l'emploie aussi :

AU DÉBUT D'UNE PHRASE

Après un point final :

> « Il [Giton] déploie un ample mouchoir et se mouche avec grand bruit ; il crache fort loin, et il éternue fort haut. Il dort le jour, il dort la nuit, et profondément ; il ronfle en compagnie. Il occupe à table et à la promenade plus de place qu'un autre. Il tient le milieu en se promenant avec ses égaux... »
>
> (La Bruyère, *Caractères*, VI, 83.)

Après les points d'interrogation, d'exclamation ou de suspension, mais seulement lorsqu'ils terminent effectivement une phrase, et non quand ils ne servent qu'à en détacher les éléments successifs :

> « Au voleur ! au voleur ! à l'assassin ! au meurtrier ! Justice, juste ciel ! Je suis perdu, je suis assassiné ; on m'a coupé la gorge : on m'a dérobé mon argent. Qui peut-ce être ? Qu'est-il devenu ? Où est-il ? Où se cache-t-il ? Que ferai-je pour le trouver ? Où courir ? Où ne pas courir ? N'est-il point là ? N'est-il point ici ? Qui est-ce ? Arrête. *(À lui-même, se prenant par le bras.)* Rends-moi mon argent, coquin... Ah ! c'est moi ! Mon esprit est troublé, et j'ignore où je suis, qui je suis, et ce que je fais. Hélas ! mon pauvre argent ! mon pauvre argent ! mon cher ami ! [...] Hé ! de quoi est-ce qu'on parle là ? de celui qui m'a dérobé ? Quel bruit fait-on là-haut ? Est-ce mon voleur qui y est ? »
>
> (Molière, *L'Avare,* acte IV, sc. VII.)

Après un deux-points, lorsqu'il annonce une citation fictive ou réelle en style direct (mais non quand il précède une explication ou une énumération) :

> Il ne répondait pas à la question que se posait chacun d'entre nous : À quoi cela sert-il ?
>
> Le père demanda : « Pourquoi as-tu agi ainsi ? »

Quelquefois même sans les deux-points :

> C'est aux cris de Vive l'empereur ! que la foule accueillit le souverain.

AU DÉPART D'UN ALINÉA (même s'il n'est pas début de phrase)

Commençant directement par le texte :

> Nous étudierons successivement :
> L'illusion de la sécurité collective ;
> La diplomatie des coups de force ;
> Le déclenchement de la guerre.

Commençant par un numéro ou une lettre de classification, suivi d'un point :

> Le Code pénal français distingue trois catégories d'infractions :
>
> 1. Les crimes ;
> 2. Les délits ;
> 3. Les contraventions.

Par contre, la minuscule est de règle après un « moins » ou tiret – :

> La Grande-Bretagne comprend :
>
> – l'Angleterre ;
> – l'Écosse ;
> – le pays de Galles.

Elle s'impose également après 1°, 2°, 3°, etc., à l'intérieur d'un paragraphe de lignes pleines :

> « La communauté se dissout : 1° par la mort naturelle ; 2° par la mort civile ; 3° par le divorce ; 4° par la séparation de corps ; 5° par la séparation de biens. »
>
> (C. civ., art. 1441.)

AU PREMIER MOT D'UN VERS DE TYPE CLASSIQUE

> Mignonne, allons voir si la rose,
> Qui ce matin avait déclose
> Sa robe de pourpre au soleil,
> A point perdu cette vesprée
> Les plis de sa robe pourprée
> Et son teint au vôtre pareil...
>
> (Ronsard, *Odes,* I, 17.)

DANS CERTAINES ABRÉVIATIONS

> av. J.-C., M., MM., Mme, N.B., N.D.L.R., etc.

ET DANS LES SIGLES

> CNRS, DDT, ONU, RF, SNCF, URSS, USA, etc.

Caractère d'imprimerie

En fonte chaude, le caractère d'imprimerie – composé d'un alliage de plomb, d'antimoine et d'étain – se caractérise par :

– la « hauteur en papier », distance entre l'œil et le pied de la lettre. Cette hauteur, adoptée dès 1723 par toutes les fonderies françaises, est toujours valable et correspond à 23,56 mm ;

– l'épaisseur, dénommée « corps » ;

– la largeur, dite « chasse », qui diffère selon le graphisme de la lettre.

L'œil, c'est-à-dire le dessin de la lettre, est en relief sur un caractère typographique mais, en photocomposition, l'épaisseur et la largeur seront seules retenues, le support étant un film.

Les caractères d'imprimerie sont classés en quatre grandes familles – ou styles – auxquelles viennent s'ajouter les cursives (anglaise, ronde, coulée, bâtarde). Cette classification se fonde sur l'*empattement,* c'est-à-dire l'élargissement des extrémités de la hampe des lettres. Ce sont :

– l'*elzévir* (ou *garaldes*), aux empattements triangulaires (tels le Garamont, le Baskerville) ;

– l'*égyptienne* (ou *mécanes*), aux empattements rectangulaires, inspirés des inscriptions grecques ;

– l'*antique* (ou *linéales*), sans empattements (le Gill, l'Univers...) ;
– le *didot* (ou *didones*), aux empattements linéaires (le Bodoni, par exemple).

Les caractères historiques détenus à titre exclusif par l'Imprimerie nationale sont : le Garamont (ou Romain de l'Université), le Grandjean (ou Romain du Roi), le Jaugeon, le Luce (ou types poétiques), le Didot millimétrique, le Marcellin-Legrand (ou types de Charles X), le Gauthier.

Cent

Cent prend la marque du pluriel dans ses multiples entiers et devant les substantifs *millier, million, milliard* :

quatre cents, neuf cents, treize cents
six cents millions

Il reste invariable lorsqu'il est suivi d'un nombre :

quatre cent un, neuf cent deux, treize cent trois

ou de l'adjectif numéral mille :

trois cent mille années

Cent reste aussi invariable lorsqu'il prend l'emploi d'adjectif ordinal avec le sens de « centième » :

l'an mil neuf cent(ième)
la page trois cent(ième)

Il peut encore avoir l'emploi de substantif, et dans ce cas il prend la marque du pluriel :

mettre en conserve deux ou trois cents d'œufs

Au-delà de mille, on compte habituellement :

onze, douze, treize, quatorze, quinze, seize cents

plutôt que :

mille cent, mille deux cents, mille trois cents...

mais ensuite on emploiera indifféremment :

dix-sept cents ou mille sept cents...

Centre (organisme)

Voir Enseignement *et* Organismes d'État (uniques).

Cerfa

Le décret n° 76-1053 du 16 novembre 1976 prévoit que les questionnaires et formulaires utilisés auprès du public par les administrations de l'État, à l'exception des questionnaires statistiques, doivent être enregistrés au Centre d'enregistrement et de révision des formulaires administratifs (CERFA) et porter le numéro d'ordre attribué par celui-ci.

Afin que les usagers puissent reconnaître aisément les questionnaires et formulaires soumis à cette obligation, il convient d'utiliser, outre le numéro d'enregistrement, un logo spécifique conforme aux dispositions ci-après :

DESCRIPTION

Le logo est composé de l'inscription *cerfa* dans un ovale de couleur.

COULEUR

L'ovale et le numéro associé seront de la couleur de l'encre d'impression du document, les lettres *cerfa* à l'intérieur de l'ovale restant de la couleur du papier utilisé.

DIMENSION ET DISPOSITION DE L'ENSEMBLE LOGO-NUMÉRO

L'ovale aura un grand diamètre de 14 mm et un petit diamètre de 7 mm;
Le numéro sera centré sous le logo à 1,5 mm de celui-ci;
Les caractères employés pour le numéro seront des linéales demi-gras de 1,5 mm de hauteur.

EMPLACEMENT

L'ensemble logo-numéro doit figurer dans l'en-tête de chaque formulaire et questionnaire.

Césure des mots

Voir Coupure des mots.

Chambre

Voir Organismes d'État.

Chapitre

Dans un titre, on compose en chiffres romains grandes capitales les numéros de chapitres, à l'exception de l'ordinal « premier » en toutes lettres malgré la tendance actuelle qui tend à lui substituer la forme cardinale Chapitre I.

Dans le texte, les numéros de chapitres se composent en chiffres romains petites capitales :

On consultera avec intérêt le chapitre III du tome II.

Chasse

Voir Caractère d'imprimerie.

Chiffres arabes

Voir Nombres en chiffres arabes.

Chiffres romains

L'écriture d'un nombre en chiffres romains doit respecter certaines règles qu'il n'est peut-être pas inutile de rappeler.

On écrit, successivement et dans l'ordre, les chiffres indiquant d'abord les milliers, ensuite les centaines, puis les dizaines, enfin les unités.

I ne peut se soustraire que de V et de X;

X ne peut se soustraire que de L et de C;

C ne peut se soustraire que de D et de M.

Arabe	Romain	Arabe	Romain	Arabe	Romain
1	I	45	XLV	161	CLXI
2	II	49	XLIX	169	CLXIX
3	III	50	L	170	CLXX
4	IV	51	LI	181	CLXXXI
5	V	59	LIX	189	CLXXXIX
6	VI	60	LX	190	CXC
7	VII	81	LXXXI	191	CXCI
8	VIII	89	LXXXIX	199	CXCIX
9	IX	90	XC	200	CC
10	X	91	XCI	400	CD
11	XI	99	XCIX	500	D
18	XVIII	100	C	800	DCCC
19	XIX	101	CI	900	CM
20	XX	141	CXLI	999	CMXCIX
40	XL	149	CXLIX	1000	M
41	XLI	150	CL	1990	MCMXC

Placés les uns au-dessous des autres, par exemple dans un tableau (comme ci-dessus) ou une table des matières, les chiffres romains s'alignent verticalement à gauche.

Numérotage des alinéas : afin de laisser un blanc constant entre le numéro et le début du texte, l'alignement vertical des numéros se fait sur la droite.

Dans certains travaux (d'archéologie, de numismatique, etc.) se rencontrent des graphies qui, reproduisant des inscriptions portées sur des médailles, monnaies ou monuments anciens, comportent des formes différentes telles que IIII pour IV, CCCC pour CD, DCCCC pour CM. On les respectera naturellement. Par contre, pour composer une date sur la page de titre d'un ouvrage de luxe, on utilisera obligatoirement les formes classiques.

Voir aussi, pour les règles d'emploi, Nombres en chiffres romains (grandes et petites capitales).

Chiffres romains grandes capitales

Voir Nombres en chiffres romains grandes capitales.

Chiffres romains petites capitales

Voir Nombres en chiffres romains petites capitales.

Chimie (composition de la)

LES SYMBOLES

Chaque élément est représenté par son symbole (une ou deux lettres tirées de son nom). Ce symbole se compose en romain, la lettre seule ou la lettre initiale étant une capitale. Il ne doit jamais être suivi du point abréviatif.

Voici la liste des éléments actuellement dénommés :

actinium	Ac	bore	B
aluminium	Al	brome	Br
américium	Am	cadmium	Cd
antimoine (stibium)	Sb	calcium	Ca
argent	Ag	californium	Cf
argon	A *ou* Ar	carbone	C
arsenic	As	cérium	Ce
astate ou astatine	At	césium *ou* cæsium	Cs
azote (nitrogène)	N	chlore	Cl
baryum	Ba	chrome	Cr
berkélium	Bk	cobalt	Co
béryllium	Be	cuivre	Cu
bismuth	Bi	curium	Cm

dysprosium	Dy
einsteinium E *ou*	Es
erbium	Er
étain (stannum)	Sn
europium	Eu
fer	Fe
fermium	Fm
fluor	F
francium	Fr
gadolinium	Gd
gallium	Ga
germanium	Ge
hafnium	Hf
hahnium *ou* nielsbohrium	Ha
hélium	He
holmium	Ho
hydrogène	H
indium	In
iode	I
iridium	Ir
kourtchatovium	Ku
ou rutherfordium	Rf
krypton	Kr
lanthane	La
lawrencium Lr *ou*	Lw
lithium	Li
lutécium	Lu
magnésium	Mg
manganèse	Mn
mendélévium Md *ou*	Mv
mercure (hydrargyrum)	Hg
molybdène	Mo
néodyme	Nd
néon	Ne
neptunium	Np
nickel	Ni
niobium	Nb
nobélium	No
or (aurum)	Au
osmium	Os
oxygène	O
palladium	Pd
phosphore	P
platine	Pt
plomb	Pb
plutonium	Pu
polonium	Po
potassium (kalium)	K
praséodyme	Pr
prométhéum *ou* prométhium	Pm
protactinium	Pa
radium	Ra
radon	Rn
rhénium	Re
rhodium	Rh
rubidium	Rb
ruthénium	Ru
samarium	Sm
scandium	Sc
sélénium	Se
silicium	Si
sodium (natrium)	Na
soufre	S
strontium	Sr
tantale	Ta
technétium	Tc
tellure	Te
terbium	Tb
thallium	Tl
thorium	Th
thulium	Tm
titane	Ti
tungstène (wolfram)	W
uranium	U
vanadium	V
xénon	Xe
ytterbium	Yb
yttrium	Y
zinc	Zn
zirconium	Zr

Les éléments créés artificiellement au cours de ces dernières années posent des problèmes de dénomination. Ainsi, dans la liste ci-dessus on a rutherfordium ou kourtchatovium (numéro atomique 104), hahnium ou nielsbohrium (numéro atomique 105). On tend donc à utiliser tout simplement le terme «élément» suivi de sa valeur : élément 106...

On pourra trouver aussi :

unnilquadium	unq	pour l'élément 104
unnilpentium	unp	pour l'élément 105
unnilhexium	unh	pour l'élément 106

. . . .

LES CHIFFRES : valence, coefficient

La valence représente le nombre d'atomes d'un élément dans une molécule. Elle s'exprime sous forme de chiffres placés en indices immédiatement après le symbole :

$G_6H_{12}O_6$ Fe_2O_3

Na_2SO_4 $(CH_3)_3CLi$

Le coefficient (ou facteur) placé devant un symbole sera collé à celui-ci et composé dans le même corps :

6KOH $2H_6Al_2O_6$

FeS + 2HCl

Mais on pourra trouver :

*n*Mn

qui signifie *n* quantités de manganèse.

LES SIGNES

À côté des signes habituels (+ – =) on trouve des signes particuliers qui séparent les expressions chimiques. Exemples :

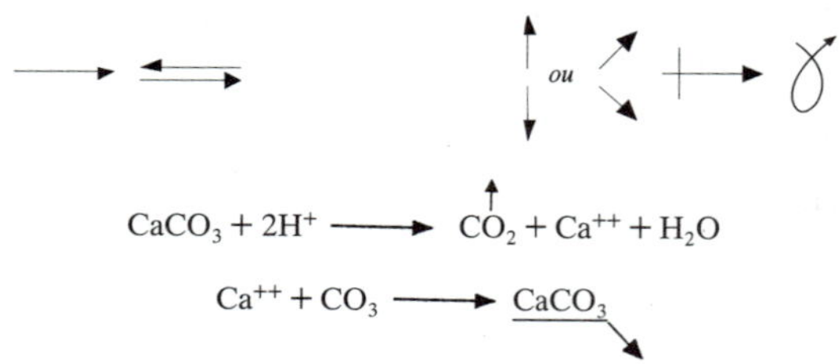

Ces signes seront précédés et suivis d'un blanc au moins égal à un demi-cadratin :

$C_2H_4 + H_2O \longrightarrow C_2H_6O$

Les expressions séparées par des signes seront plus largement espacées quand elles seront accompagnées de légendes explicatives :

C_2H_3OCl	+	$POCl_3$	+	HCl
chlorure d'acétyle		oxychlorure de phosphore		acide chlorhydrique

Les liaisons chimiques

La force qui maintient unis deux atomes dans une molécule est représentée par un signe de liaison ; on utilise la liaison simple –, la liaison double =, la liaison triple ≡. Ces signes doivent avoir une longueur légèrement inférieure aux signes mathématiques : ils seront collés aux symboles qu'ils relient :

R_1–CH=CH–X–CH=CH–R_2

Les liaisons verticales s'aligneront sur le milieu de la lettre initiale du symbole. L'intervalle entre la liaison verticale et la lettre placée au-dessous doit être le même que celui qui existe avec la lettre placée au-dessus :

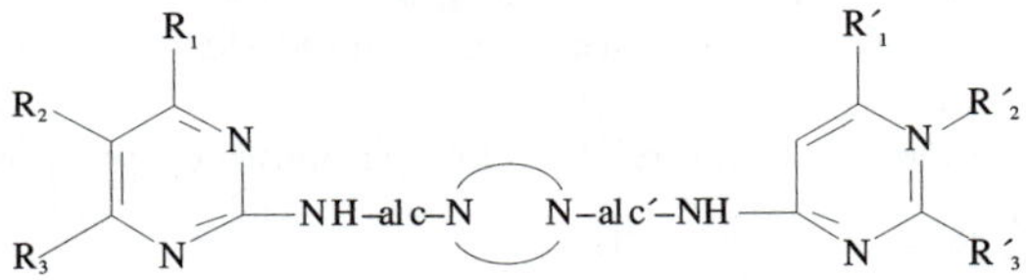

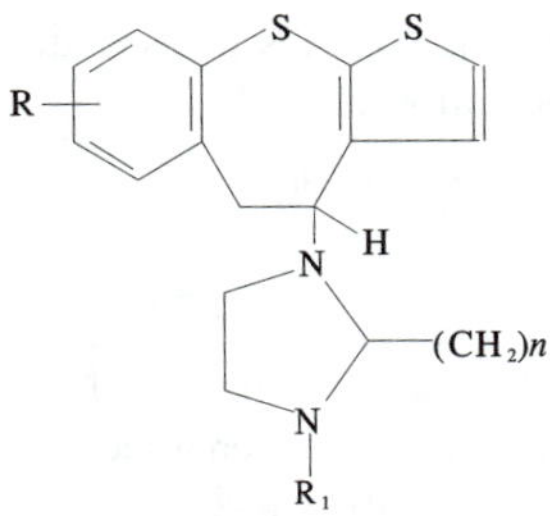

On pourra trouver également les configurations suivantes :

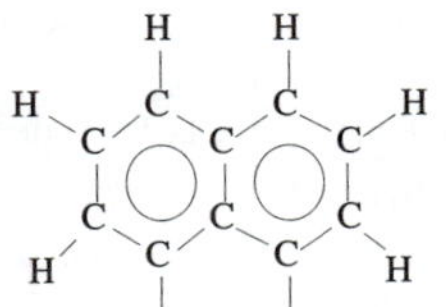

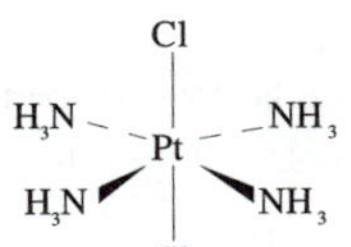

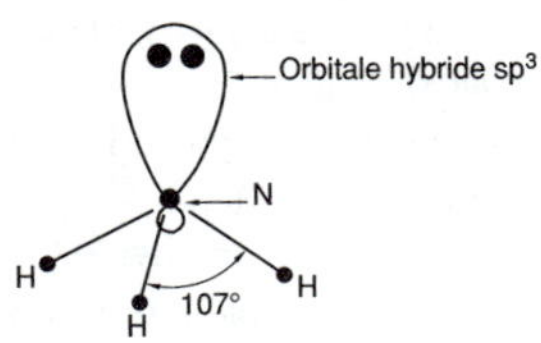

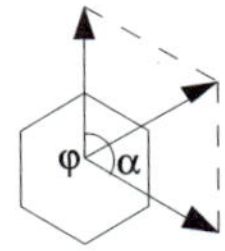

ou, plus schématiquement : 

Les ions

Pour indiquer qu'il s'agit d'un ion positif (cation) ou d'un ion négatif (anion), le symbole de l'élément est affecté de 1, 2 ou 3 signes + ou – :

Zn^{++} Fe^{+++} PO_4^{---} ou, plus simplement : Fe^{3+} SO_4^{2-}

COUPURE D'UNE EXPRESSION CHIMIQUE

Lorsqu'une équation chimique ne peut être contenue dans une seule ligne, la coupure sera toujours effectuée avant un signe opératoire :

$$CH_3(CH_2)_6CH_2CH \xrightarrow[\Delta]{H_3PO_4} CH_3(CH_2)_4CH{=}CHCH_3$$

$$+ CH_3(CH_2)_3CH{=}CHCH_2CH_3$$

NOTATION ATOMIQUE

On indique la notation atomique par des chiffres arabes supérieurs ou inférieurs précédant immédiatement le symbole :

– la masse (ou poids) atomique (somme des protons et des neutrons) s'inscrit en haut ;

– le numéro (ou nombre) atomique (nombre de protons) s'inscrit en bas.

$$^{226}_{88}Ra \longrightarrow {}^{222}_{86}Rn + {}^{4}_{2}He$$

Dans le cas des isotopes où les masses atomiques sont différentes, on ne trouvera que leur indication :

^{12}C ^{14}C ^{235}U ^{238}U

NOTATIONS DIVERSES

pH pK_A *ou* pK_a pK_E pK_S

$\Delta G°$ et $\Delta H°$ (enthalpie) $\Delta S°$ (entropie)

cis-butène-2 *trans*-butène-2

o-xylène (pour ortho) *m*-xylène (pour méta) *p*-xylène (pour para)

tétraméthyl-2,2,4,4 pentane (les nombres, les divisions et les virgules sont collés).

On ne coupera pas à hauteur de la division, partie intégrante de la formule.

Par exemple : tétra-
méthyl-2,2,4,4 *et non* tétraméthyl-
2,2,4,4

On écrira « couple redox » pour couple oxydant-réducteur.

Citations

Constituent des citations :

1. Les passages cités empruntés à d'autres ouvrages ;

2. Les paroles et pensées attribuées à des personnages et rapportées en style direct, isolées ou constituant des dialogues – avec les explications, jeux scéniques, traductions pouvant s'y rapporter –, les lettres citées, les vers cités, les devises, dictons, maximes et proverbes.

Peuvent se rattacher aux citations, soit par leur nature, soit par la distinction typographique dont ils sont l'objet : les locutions latines non francisées, les termes étrangers et leur traduction, les mots à faire ressortir du texte.

Une bonne compréhension du texte ne s'obtient que si l'on en isole ces divers éléments. La typographie offre à cet effet plusieurs procédés :

– emploi d'un corps inférieur;
– emploi de l'italique et, moins fréquemment, du gras;
– emploi d'une ponctuation appropriée (guillemets et tirets) pour isoler la citation lorsqu'elle est composée dans le corps et le caractère du texte;
– adoption d'une disposition particulière dans la présentation.

Bien que l'usage ait créé des habitudes, aucune règle stricte n'assigne tel procédé à tel cas. On doit tenir compte de la nature de l'ouvrage, de l'étendue et de la fréquence des citations, des préférences de l'auteur et, surtout, de la disponibilité des divers procédés : si l'on veut, par exemple, dans une citation guillemetée, mettre en évidence un ou plusieurs mots, on évitera l'emploi du romain guillemeté, surtout si cette citation contient une citation de deuxième rang; l'italique ici sera préférable. Dans un texte en romain comportant de nombreuses parties en italique (locutions latines, citations en langue étrangère, titres d'ouvrages et de journaux, etc.), on emploiera par contre, de préférence, le romain guillemeté ou le gras. Le choix est donc conditionné à la fois par l'usage et les circonstances, l'essentiel étant d'unifier ces emplois dans un même ouvrage, une même collection, choix que l'on peut illustrer par ce passage d'une lettre de Voltaire :

> « Ne croyez pas, monsieur, que nous soyons réduits à une extrême indigence. Vous faites un catalogue de votre superflu et de notre pauvreté; vous mettez d'un côté *orgoglio, alterigia, superbia,* et de l'autre *orgueil,* tout seul. Cependant, monsieur, nous avons *orgueil, superbe, hauteur, fierté, morgue, élévation, dédain, arrogance, insolence, gloire, gloriole, présomption, outrecuidance.* Tous ces mots expriment des nuances différentes et ne sont pas toujours synonymes.
>
> « … Si vous avez *valente, prode, animoso,* nous avons *vaillant, valeureux, preux, courageux, intrépide, hardi, animé, audacieux, brave.* »

Les citations ordinaires, c'est-à-dire celles constituées de mots ou de phrases isolés rapportés en style direct au nom d'un seul personnage, se composent entre guillemets dans le corps et le caractère du texte.

Guillemets et ponctuation

Les guillemets ayant pour fonction d'authentifier la citation, on veillera à ne les fermer qu'après la ponctuation, si elle en est indissociable.

1. La citation, entièrement fondue dans le texte, ne comporte que quelques mots ne constituant pas une phrase complète :

> La cigale de la fable, « fort dépourvue », fut contrainte d'aller chercher secours « chez la fourmi sa voisine » ; elle n'en reçut que moqueries.
>
> Il arrivait à cet âge où les « pourquoi ? » et les « comment ? » émaillent toutes les conversations.
>
> Duhamel écrit du livre qu'il est « l'ami de la solitude ».

2. Le début de la citation est fondu dans le texte mais elle se termine sur une phrase complète :

> Mme Lepic compare les cheveux de Poil de Carotte à des « baguettes de tambour. Il userait un pot de pommade tous les matins si on lui en donnait ». (*Point final à l'extérieur des guillemets.*)

3. La citation débute par une phrase complète. Son premier mot prend une capitale initiale. Elle est introduite par un deux-points si elle fait suite au texte :

> « Ne viendrez-vous pas ? » lui demanda-t-il.
>
> Cette affirmation : « Je suis homme et rien de ce qui est humain ne m'est étranger », le poète Térence la fit sienne deux siècles avant notre ère.
>
> Deux siècles avant notre ère, le poète Térence affirmait : « Je suis homme et rien de ce qui est humain ne m'est étranger. » (*Point final à l'intérieur des guillemets.*)

4. Lorsque le sens de la phrase amenant la citation exige une ponctuation différente de celle de cette citation, on doit choisir l'un des deux signes, car on ne peut en aucun cas utiliser ensemble un point d'exclamation et un point d'interrogation ni même un simple point avant ou après ceux-ci. Il faut choisir celui des deux qui paraît le plus logique et, suivant le cas, le placer avant ou après le guillemet final :

> Cessez donc de répéter « Pourquoi ? »
>
> Pourquoi avez-vous crié « Au secours » ?

5. Lorsque la citation comporte plusieurs alinéas, on mettra un guillemet ouvrant au début de chaque alinéa, mais un seul guillemet fermant à la fin de la citation.

> « Je vis Pascal Doigt-de-Poix, qui faisait son huile avec les olives de M. Julien.
>
> « Je vis Babet la glaneuse, qui, en glanant, pour avoir plus vite noué sa gerbe, puisait à poignée aux gerbiers.
>
> « Je vis maître Grapasi, qui huilait si bien la roue de sa brouette.
>
> « Et Dauphine, qui vendait si cher l'eau de son puits. »
>
> (Alphonse Daudet, *Lettres de mon moulin.*)

Citations de deuxième rang

Une citation peut elle-même comporter une autre citation, dite de deuxième rang, qui devra être isolée de la première par des guillemets. Lorsque la première citation est elle-même placée entre guillemets, chaque ligne de la seconde débutera par un guillemet ouvrant.

Si les deux citations se terminent ensemble, on ne composera qu'un guillemet fermant :

> Et La Fontaine de conclure l'anecdote qu'il rapporte sur son inspirateur : «Cette raillerie plut au marchand. Il acheta notre Phrygien trois oboles et dit en riant : «Les dieux soient loués ! Je n'ai pas fait grande acquisition, à la
> « vérité ; aussi n'ai-je pas déboursé grand argent.»

NOTA. – Guillemets ouvrants et guillemets fermants ne doivent pas être employés les uns pour les autres. C'est ainsi que les citations de deuxième rang ne doivent jamais être marquées en début de ligne par des guillemets fermants, comme cela se pratique parfois fautivement. De même, on n'emploiera qu'exceptionnellement dans un texte en français les guillemets anglais ouvrants (“) et fermants (”).

Incises à l'intérieur des citations

Lorsque se rencontrent à l'intérieur d'une citation des incises courtes, telles que celles amenées par les expressions *dit-il, répondit-il, demanda-t-il, s'écria-t-il,* on les fait précéder et suivre de la ponctuation qui convient, mais on ne coupera pas la citation par des guillemets :

> «Le conseil est bon, dit Turenne après avoir examiné la position ; dressez une batterie ici.»

À moins que cette incise interrompe la citation par son importance ou qu'elle amène un deux-points indiquant une reprise de la citation, ou qu'elle constitue un commentaire du narrateur :

> «Il y a sur terre une telle immensité de misère, de détresse, de gêne et d'horreur, que l'homme heureux n'y peut songer sans prendre honte de son bonheur», constatait tristement André Gide, qui poursuivait en donnant son propre sentiment : «J'ai besoin du bonheur de tous pour être heureux.»

Citations abrégées

L'abréviation *etc.* interrompant une citation mais n'en faisant pas partie se place après le guillemet fermant :

> On pouvait «tout imprimer librement», écrit Beaumarchais, sous quelques réserves que Figaro expose ainsi : «Pourvu que je ne parle ni de l'autorité, ni du culte, ni de la politique, ni de la morale, ni des gens en place, ni des corps en crédit, ni de l'Opéra, ni des autres spectacles», etc.

On peut aussi abréger une citation en plaçant des points de suspension avant le guillemet fermant :

> Il termina sa lettre par la formule habituelle : « Veuillez agréer… », la mit sous enveloppe et sortit.

Lorsque, dans le cours d'une citation, un ou plusieurs mots ne sont pas reproduits, on les remplacera par des points de suspension entre crochets […].

CITATIONS EN VERS

Les vers cités seront composés le plus souvent en romain d'un corps inférieur à celui du texte (généralement de deux corps), parfois en italique, et ne comporteront de parties guillemetées que pour isoler les dialogues et citations qu'ils pourraient comporter. Ils seront séparés du texte par des blancs dont celui qui les précède sera un peu plus faible que celui qui les suit, et alignés par la gauche sur le vers le plus long, que l'on centrera par rapport à la justification du texte :

> Quelques mots suffisent à La Fontaine pour susciter un climat, évoquer un personnage, décrire une scène dont la vérité pourrait difficilement se rendre par des pages de description.
>
> Jupiter dit un jour : « Que tout ce qui respire
> S'en vienne comparaître aux pieds de ma grandeur. »
>
> Comment pourrait-on donner une notion plus claire de la toute-puissance que celle qu'il nous livre en deux vers ?

CITATIONS EN LATIN OU EN LANGUE ÉTRANGÈRE

Lorsque la citation est amenée par un deux-points et qu'aucune équivoque n'est possible, on la composera en italique sans guillemets. Dans le cas contraire, elle sera toujours en italique, mais entre guillemets.

La traduction éventuelle sera, elle, en romain entre parenthèses, à l'extérieur des guillemets si la citation est guillemetée. La traduction sera entre guillemets si la citation ne l'est pas.

> Rire en pleurs qu'Alain Chartier attribuait au jongleur :
>
> … *tempus enim ridendi et tempus flendi. Qui secus facit non viri sed joculatoris vacat officio.* « Il y a un temps pour rire et un temps pour pleurer. Qui n'agit pas ainsi se comporte non pas en homme mais en jongleur. »

RÉFÉRENCES DES CITATIONS

La référence qui suit une citation se place entre parenthèses après le guillemet fermant. Elle comporte sa propre ponctuation si celle de la citation est à l'intérieur des guillemets :

> « Quelle terre serait assez nouvelle à ma pensée pour l'étonner? Quel pays existe dont elle ne puisse faire d'avance la peinture? » (Vigny, *Journal d'un poète.*)

Montaigne nous fera remarquer que ne constitue pas la vraie connaissance ce qui n'a pas été « digéré » et « regorgé comme on l'a avalé » (p. 257).

Voir aussi Ponctuation.

Classes sociales

Les termes désignant les catégories sociales :

la noblesse	le tiers état (*mais* le Tiers)
le prolétariat	la cour
la bourgeoisie	la ville

ne prennent pas de capitale initiale, excepté pour les deux derniers mots lorsqu'ils représentent l'ensemble d'une collectivité :

Toute la Cour en fut informée.
La Ville et la Cour s'en réjouirent.

Club

Voir Partis politiques *et* Sociétés.

Code postal

Quelques modèles de composition des adresses :

Monsieur DURAND
La Métairie
Craches
78660 PRUNAY EN YVELINES

Société Dubois
13 X
49040 ANGERS CEDEX

Société DELFORT
Boîte postale 320
75761 PARIS CEDEX 16

Société DUBOIS
CEDEX 31
99200 PARIS CONCOURS

Le code postal sera composé en capitales non accentuées et sans aucune ponctuation (division, barre de fraction, apostrophe).

Codes

Voir Titres d'œuvres et de journaux.
Voir aussi Textes politiques.

Collège

Voir Enseignement *et* Organismes d'État (uniques).

Colophon

Note finale d'un ouvrage de luxe indiquant ses principales caractéristiques.

Comporte la justification de tirage et l'achevé d'imprimer.

Voir aussi Parties d'un ouvrage.

Comité

Voir Organismes d'État (uniques).

Commission

Voir Organismes d'État (multiples) *et* Organismes internationaux.

Communauté

Voir Organismes internationaux.

Compagnies

Voir Sociétés.

Conférences, congrès, conciles, etc.

Ces termes, généralement précisés par un nom propre, se composent en bas de casse :

les colloques de Caen	la conférence des Six
le IIe concile du Vatican	la conférence du Désarmement
la conférence de Genève	le XXe congrès de Moscou

EXCEPTIONS

1. Le mot *Congrès* prend une capitale quand il désigne :

– en France, la réunion commune des deux Assemblées à Versailles;

– aux États-Unis, le parlement composé du Sénat et de la Chambre des représentants;

– en Belgique, l'assemblée constituante de 1830-1831.

2. Le mot *Convention* s'écrit avec une majuscule quand il désigne :

– en France, l'assemblée révolutionnaire de 1792-1795;

– aux États-Unis, le congrès d'un parti réuni pour désigner un candidat à la présidence.

Conseil

Voir Organismes d'État *et* Organismes internationaux.

Conservatoire

Voir Enseignement.

Constitution

Voir Textes politiques.

Contre

Les mots composés avec *contre* s'écrivent avec un trait d'union à l'exception de :

contravis
contrebalancer
contrebande
contrebandier
contrebas
contrebasse
contrebasson
contrebatterie
contrebattre
contrecarrer
contrechamp (Acad. contre-champ)
contrechâssis
contreclef
contrecœur
contrecoller
contrecoup
contredanse
contredire
contredit
contredosse
contrefaçon
contrefacteur
contrefaction
contrefaire
contrefait
contrefendis
contrefort
contremaître
contremander
contremarche
contremarque
contreparement
contrepartie
contrepèterie
contrepoids
contrepoint
contrepoison
contreprojet
contreproposition
contrescarpe
contreseing
contresens
contresignataire
contresigner
contretalon
contretemps
contretype
contrevallation
contrevenant
contrevenir
contrevent
contreventement
contrevérité
contrordre

Contre s'utilise également sous forme adverbiale dans *ci-contre, là contre, par contre, tout contre.*

Convention

Au sens de «congrès, assemblée», *voir* Conférences.

Au sens d'«accord, pacte», *voir* Traités.

Copie d'auteur

La copie peut se présenter sous forme de feuillets manuscrits, de feuillets dactylographiés ou bien de pages imprimées dont le texte est réutilisé, en totalité ou en partie (réimpression sans modifications *ou* réimpression avec modifications).

Ces feuillets devront, si possible, avoir les mêmes dimensions, ne porter au verso ni texte ni mention d'aucune sorte, et être numérotés.

La copie manuscrite doit être très lisible, aérée, et comporter une marge à gauche. Toutes les rectifications seront faites à l'encre, les inscriptions et corrections au crayon ne pouvant être retenues puisque considérées comme non définitives.

C'est, bien entendu, la copie dactylographiée qui est conseillée. Un double interlignage est souhaitable. Les titres intérieurs, quels qu'ils soient, seront détachés du texte pour être distingués.

La rubrique «Titres intérieurs» du présent *Lexique* donne une gamme des différentes subdivisions applicables dans la plupart des cas.

Les noms de personnes – lors de leur première apparition – peuvent être écrits en lettres capitales (accentuées si nécessaire). Ceci évitera par la suite toute mauvaise interprétation.

L'auteur ayant précisé ses options en ce qui concerne les différents caractères à utiliser pour la fabrication de l'ouvrage, le format du volume et les dispositions particulières des différentes parties du travail, la préparation de la copie sera parachevée par des techniciens.

Leur tâche doit permettre une économie certaine dans les frais de fabrication en évitant – le plus possible – les corrections et modifications dues à une mauvaise compréhension de la pensée de l'auteur.

Le bon à tirer soumis à l'auteur sera de ce fait le résultat d'un travail bien préparé.

L'Imprimerie nationale applique, par tradition, l'orthographe du Dictionnaire de l'Académie française et, conjointement, celle du Littré.

Voir aussi Préparation de copie.

Copyright

Droit de propriété exclusif que détient un auteur ou son représentant (en général l'éditeur lui-même) pendant une durée déterminée sur une œuvre littéraire ou artistique.

Pour les pays ayant adhéré à la Convention universelle sur le droit d'auteur, l'indication de la propriété littéraire apparaît sous la forme d'une mention constituée du nom du titulaire du droit d'auteur et de l'année, précédée du signe ©. Ces mentions figurent au verso du titre général de l'ouvrage, en bas de page. Il s'ensuit que toute reproduction totale ou partielle de l'ouvrage ainsi protégé sera soumise à une demande d'autorisation aux ayants droit.

Corps

Le corps s'exprime en points et définit l'épaisseur nécessaire pour supporter toute la lettre, hampe et jambage compris.

Regarde le phare sur la falaise

Correction (signes de)

Voir pages 58 et 59.

Couleur (adjectifs de)

Ces adjectifs sont *variables* dans deux cas :

1. Quand la couleur est indiquée par *un seul véritable adjectif*; il s'agit des adjectifs les plus courants, de leurs dérivés en *-âtre* et des huit suivants : alezan, bai, écarlate, fauve, incarnat, mauve, pourpre, rose.

une étoffe verte	une jument baie
des chevelures châtaines	des lèvres incarnates
des eaux noirâtres	de la soie cramoisie

2. Lorsque la couleur est indiquée par plusieurs adjectifs *s'appliquant à des objets différents :*

des cocardes bleues, blanches, rouges (= des cocardes bleues, des cocardes blanches et des cocardes rouges)

Centrer la ligne	MÉMENTO DES SIGNES	
Changer une lettre	L'Imprimerie nationale compte essuré-	a
Changer un mot	ment parmi les plus ~~vieilles~~ institutions	anciennes
Ajouter une lettre	de France. L'éritage du passé et le pro-	h s
Ajouter un mot	messes de l'avenir manifestent par un	se
Supprimer une lettre	cabinet des poinçons historiques classés et	
Supprimer un mot	par un équipement ~~très~~ moderne.	
Corrections multiples	Elle dapuit de la conjonction d'une	n q c if
Correction annulée	volonté royale ~~et~~ de celle, plus éclairée	
Faire un alinéa	sans doute, d'un érudit. C'est en effet	
Composer en lettres du corps	François Ier qui, à l'instigation de Guil-	s n t
	laume Budé, savant helléniste dont le	
Composer en romain	crédit avait contribué à la *création* du	t rom.
	Collège de France, transforma en une	
Composer en italique	charge officielle le titre d'imprimeur du	i ital.
	Roi qui n'avait été que purement hono-	
Composer en grandes capitales	rifique sous charles VIII.	C gr. cap.
Baisser l'interligne	Les imprimeurs du Roi n'occupaient	
Augmenter l'interligne	pas de local administratif. Tenant chacun	
	boutique entre la rue Saint-Jacques et la	
Diminuer l'interligne	rue de la Harpe, ils conservaient leur	
Espace à créer ou à augmenter	marque personnelle pourles travaux cou-	
Espace à supprimer ou à diminuer	rants, réser vant le label collectif propre	
Espace à baisser	à la fonction pour les publications faites	
Espace à régulariser	au moyen des caractères qui étaient la	
Ajouter une ligne	consistait en un basilic à tête de sala-	
Chasser à la page suivante	mandre s'enroulant avec un rameau	
	propriété de la Couronne. Ce label	

Vérifier l'état u caractère	d'olivier sur une pique; en dessous figu-
Composer en etites capitales	raient la devise grecque Au ROI bon et
	VALEUREUX PAR LES ARMES et la mention
Composer en gras	Regis Typi. Robert Estienne, successeur
	de Conrad Néobar comme imprimeur du
Composer en ettres supérieures	Roi, avait incité François Ier à faire les
	frais d'une typographie grecque digne
Composer en as de casse	des Œuvres à éditer. Claude GARAMOND,
upprimer et espacer	qui demeure lepremier de nos « tailleurs
upprimer et coller	de lettres », en fut l'auteur. Il appa raît
ntervertir es lignes	poinçon qui, en gravant dans l'acier,
	comme le modèle de ces joailliers du
ntervertir es mots	firent preuve de même maîtrise que la
ntervertir es lettres	l'orfèvre ciselant dans les mutaéx rares.
	Ainsi se constituera la collection dite des
Retourner une lettre	« grecs pu roi », pour laquelle Garamond
Retourner un mot	n'hésita pas, en 1540, à recourir à un
Redresser la ligne	usage déjà périmé. En effet, aux premiers
Lier deux lettres	temps de l'imprimerie, afin de se concilier
Placer ailleurs	les bibliophiles manuscrit d'alors pour
Faire passer à la igne précédente	qui seul le volume et enluminé avait une
	véritable valeur, on chercha à maintenir
Chasser à la igne suivante	un compromis entre la lettre typographi-
Faire suivre le texte	que et celle des copistes.
Aligner (sortir)	Imitant l'écriture cursive du Crétois
Aligner (rentrer)	employé comme *scriptor* pour le grec à

Les adjectifs de couleur sont *invariables* dans les autres cas, qu'il s'agisse de :

1. *Plusieurs adjectifs* désignant *plusieurs couleurs* réunies *dans un même objet :*

des cocardes bleu, blanc, rouge (= des cocardes tricolores)

2. *Deux adjectifs* dont *le second renforce ou atténue simplement le premier,* qui est alors employé substantivement :

des yeux bleu foncé (= d'un bleu foncé)
des chevaux gris pommelé

3. *Deux adjectifs* d'importance équivalente définissant *une couleur «mixte»* et liés par un trait d'union :

des encres bleu-noir	des tons gris-bleu

4. *Noms* employés seuls ou précisant un autre adjectif de couleur :

une robe abricot	des yeux noisette
une robe jaune abricot	des uniformes kaki

5. *Expressions composées,* avec ou sans trait d'union, comme :

feuille-morte	couleur (de) chair
gorge-de-pigeon	jaune d'or
lie-de-vin	noir de jais
tête-de-nègre	poivre et sel

Coupure des mots

La coupure – ou *division* ou *césure* – d'un mot se marque par un court tiret appelé *division.* Elle doit être évitée autant que possible. C'est pourquoi, dans les grandes justifications, les coupures seront absentes ou très rares, les espacements étant suffisamment nombreux pour permettre une répartition judicieuse du blanc disponible. Il en est autrement pour les lignes moyennes et, à plus forte raison, pour les petites justifications.

Certaines règles doivent être observées en ce qui concerne l'emplacement de la coupure inévitable. Une distinction doit d'abord être faite entre les mots simples :

action, alpin, justice

et les mots composés :

transaction, cisalpin, injustice

Pour les mots simples, la division se fera syllabe par syllabe :

ac-tion, al-pin, jus-tice

Pour les mots composés, la division devra tenir compte de l'étymologie :

trans-action, cis-alpin, in-justice, atmo-sphère, caou-tchouc

La division étymologique n'exclut pas la coupure syllabique :

transac-tion, cisal-pin, injus-tice

mais, dans la mesure du possible, la première sera préférée à la seconde.

La division d'après la prononciation française est seule admise si la coupure étymologique entraîne un changement de prononciation :

des-cription, des-truction, pres-cience, sphé-roïde

On évitera les coupures de mots sur plus de trois lignes consécutives.

Les coupures isolant une seule lettre sont à proscrire.

Si la coupure de la syllabe de début comportant deux lettres est à éviter, la coupure consistant à rejeter les deux dernières lettres d'un mot est à exclure.

Dans les exemples qui suivent

[*signifie coupure préconisée,*
/ *signifie coupure prohibée.*

Les mots composés doivent être coupés au trait d'union :

tire-[bouchon *et non* tire-bou-/chon

La dernière ligne d'un alinéa doit comporter un mot ou une fin de mot de longueur au moins égale au double du renfoncement de l'alinéa suivant.

On évitera de couper le dernier mot d'une page impaire.

Les abréviations des titres de civilité ou des titres honorifiques ne doivent pas être séparées du nom qui les suit. On ne coupera pas :

M./et Mme/Durand

Les initiales de prénoms et les particules ne seront pas séparées du nom de famille, de même que les noms de souverains de leur numéro dynastique. On ne coupera pas :

J. S./Bach
Louis/XIV

Un nombre en chiffres arabes ou romains ne sera jamais séparé du nom qui le précède ou qui le suit. On ne coupera pas :

10/décembre/1969 (mais on pourra admettre 10 décembre [1969)
livre/III
300/kilomètres
in-/8°

On ne coupera pas les nombres, décimaux ou non :

intérêt de 5,/25/%
11 h/30
47°/11′/3″ de latitude N

On ne coupera pas un mot après l'apostrophe :

aujourd'/hui
presqu'/île

Dans les verbes à la 3e personne du singulier demandant le *t* euphonique, on coupera *avant* cette lettre et non *après* :

aime-[t-/il
pensa-[t-/elle

De la même façon on composera :

c'est-[à-dire

On ne coupera pas les sigles et l'on ne séparera pas un appel de note du mot auquel il se rapporte.

Si l'on doit couper une opération arithmétique, algébrique, chimique, il faut le faire avant les signes + – × : = ⟶ etc., qui doivent toujours être reportés à la ligne suivante. On ne séparera pas du mot qui les précède les symboles chimiques, les lettres de référence, les termes d'algèbre ou analogues :

le rayon/OA
sin/α

La coupure de mots étrangers employés en français se fera selon les règles de la langue étrangère.

REMARQUE. – Les programmes de césure génèrent la division (trait d'union) des mots coupés. En cas de remaniement cette division disparaît. Mais si elle est demandée par l'opérateur elle subsiste en cas d'ajout ou de suppression de texte. Elle risque donc d'apparaître en milieu de ligne. Aussi est-il préférable de demander une division « optionnelle » qui, elle, disparaîtra en cas de remaniement.

Cour (organisme)

Voir Organismes d'État *et* Organismes internationaux.

Dates

Dans le calendrier grégorien actuel, le quantième du mois et l'année se composent en chiffres arabes, le mois en lettres :

Les troupes allemandes pénétrèrent en Pologne le 1er septembre 1939.

Dans le calendrier républicain, le quantième du mois se compose en chiffres arabes, le mois (vendémiaire, brumaire, frimaire, nivôse, pluviôse, ventôse, germinal, floréal, prairial, messidor, thermidor, fructidor) en lettres, l'année en chiffres romains grandes capitales :

La loi du 18 germinal an III instaura en France l'usage du système métrique.

Lorsqu'une date est mentionnée pour évoquer un événement historique et que l'année n'est pas indiquée, le nom du mois prend une capitale initiale :

Le 18 Brumaire préluda au Consulat.
Le 9 Thermidor.
La nuit du 4 Août.
Le 14 Juillet.

Il s'écrira normalement si cette même date n'indique que le jour où s'est produit l'événement sans représenter son contenu historique :

Le 14 juillet au matin, le roi se leva comme à l'accoutumée...
La journée du 9 thermidor fut fatale à Robespierre.

On n'abrège qu'exceptionnellement le nom des mois, par exemple, faute de place, dans des tableaux comportant des colonnes étroites :

10 déc. 1963 *ou* 10-12-1963

On n'abrège pas un millésime :

la guerre de 1914-1918 (*et non :* de 1914-18)

excepté lorsqu'il s'agit de certaines dates historiques :

les volontaires de 93
les principes de 89

On écrira en lettres les expressions telles que :

les années vingt (c'est-à-dire 1920 à 1929)
les années trente, etc.

Décorations

L'ordre dans lequel sont portées ou citées les différentes décorations françaises et étrangères, fixé par des textes réglementaires, est le suivant :

Légion d'honneur
Croix de la Libération
Médaille militaire
Ordre national du Mérite
Croix de guerre 1914-1918 — 1914-1918
Croix de guerre 1939-1945 — 1939-1945
Croix de guerre des Théâtres d'opérations extérieures — T.O.E.
Croix de la Valeur militaire
Médaille de la Résistance
Médaille des évadés.
Croix du combattant volontaire 1914-1918.
Croix du combattant volontaire.
Croix du combattant volontaire de la Résistance.
Croix du combattant
Médaille d'honneur de la Gendarmerie nationale.
Ordre des Palmes académiques
Ordre du Mérite agricole.
Ordre du Mérite maritime.
Ordre des Arts et des Lettres.
Médaille de l'Aéronautique.
Médaille d'Outre-Mer (ex-Médaille coloniale).
Médaille de la Défense nationale.
Les autres décorations françaises (sans ordre imposé).
Les décorations étrangères (sans ordre imposé).

Lorsque la décoration comporte des grades, ceux-ci s'abrègent ainsi :

chevalier	le signe seul
officier	O. suivi du signe
commandeur	C. suivi du signe
grand officier	G. O. suivi du signe
grand-croix	G. C. suivi du signe

Dans un texte, on n'abrégera pas ces désignations honorifiques.

Degrés

Les notations de degrés se rapportant à des mesures scientifiques (angle, latitude, longitude, température, densité...) s'expriment en chiffres arabes :

Les angles de 25° et de 65° sont complémentaires.
Un point situé par 40° 17′ 3″ de latitude N et 121° 31′ 14″ de longitude E.
La température normale de l'homme oscille autour de 37 °C.
Un vin de 10°, une liqueur titrant 50°5.

On écrira avec la terminologie de l'ordinal :

le 36e degré de latitude S

et au long :

une brûlure au troisième degré

Les mesures d'arc et d'angle, de longitude et latitude se notent en degrés, minutes et secondes (le degré est la 360e partie de la circonférence ; il y a 60 minutes dans un degré et 60 secondes dans une minute). On emploie également dans les mesures d'arc et d'angle la division en grades, décigrades et centigrades (le grade est la 400e partie de la circonférence ; il y a 10 décigrades dans un grade et 10 centigrades dans un décigrade). 1 grade = 0,9 degré.

La température se note d'après quatre échelles :

L'échelle Celsius, qui a pour repères les températures 0 °C (glace fondante) et 100 °C (ébullition de l'eau), comporte, entre ces deux points, 100 degrés Celsius (qu'il faut éviter de nommer centigrades). Cette division est prolongée au-dessus de 100 °C et au-dessous de 0 °C, ce qui implique l'existence de températures négatives.

L'échelle absolue comprend des températures toujours positives, qui sont comptées en degrés Kelvin à partir du zéro absolu (celui-ci correspond à – 273 °C). Le degré Kelvin (°K) constitue l'unité de base du système international (SI) de température thermodynamique.

L'échelle Fahrenheit, en usage dans les pays anglo-saxons, a pour repères les températures 32 °F (glace fondante) et 212 °F (ébullition de l'eau).

L'échelle Réaumur, enfin, n'est plus guère employée. La température de la glace fondante y correspond à 0 °R; celle de l'ébullition de l'eau à 80 °R.

Il est parfois utile de connaître la correspondance entre ces différentes échelles de température. Nous avons, si l'on appelle f le nombre de degrés Fahrenheit, r le nombre de degrés Réaumur, t le nombre de degrés Celsius et k le nombre de degrés Kelvin, d'une part :

$$k = t + 273$$

d'autre part :

$$t = \frac{5f - 160}{9} = \frac{5r}{4}$$

REMARQUE. – On composera : *Ce vin titre 12°,* mais : *la température est de 18 °C.*

Département ministériel

Voir Organismes d'État.

Départements (liste des)

01	Ain.
02	Aisne.
03	Allier.
04	Alpes-de-Haute-Provence.
05	Alpes (Hautes-).
06	Alpes-Maritimes.
07	Ardèche.
08	Ardennes.
09	Ariège.
10	Aube.
11	Aude.
12	Aveyron.
13	Bouches-du-Rhône.
14	Calvados.
15	Cantal.
16	Charente.
17	Charente-Maritime.
18	Cher.
19	Corrèze.
2A	Corse-du-Sud.
2B	Haute-Corse.
21	Côte-d'Or.
22	Côtes-d'Armor.
23	Creuse.
24	Dordogne.
25	Doubs.
26	Drôme.
27	Eure.
28	Eure-et-Loir.
29	Finistère.
30	Gard.
31	Garonne (Haute-).
32	Gers.
33	Gironde.
34	Hérault.
35	Ille-et-Vilaine.
36	Indre.
37	Indre-et-Loire.
38	Isère.
39	Jura.
40	Landes.
41	Loir-et-Cher.
42	Loire.
43	Loire (Haute-).
44	Loire-Atlantique.
45	Loiret.
46	Lot.
47	Lot-et-Garonne.
48	Lozère.
49	Maine-et-Loire.
50	Manche.
51	Marne.
52	Marne (Haute-).
53	Mayenne.
54	Meurthe-et-Moselle.
55	Meuse.
56	Morbihan.
57	Moselle.
58	Nièvre.
59	Nord.
60	Oise.
61	Orne.
62	Pas-de-Calais.
63	Puy-de-Dôme.
64	Pyrénées-Atlantiques.
65	Pyrénées (Hautes-).
66	Pyrénées-Orientales.
67	Rhin (Bas-).
68	Rhin (Haut-).
69	Rhône.
70	Saône (Haute-).
71	Saône-et-Loire.
72	Sarthe.
73	Savoie.
74	Savoie (Haute-).
75	Paris (Ville de).
76	Seine-Maritime.
77	Seine-et-Marne.
78	Yvelines.
79	Sèvres (Deux-)

80	Somme.	90	Belfort (Territoire de).
81	Tarn.	91	Essonne.
82	Tarn-et-Garonne.	92	Hauts-de-Seine.
83	Var.	93	Seine-Saint-Denis.
84	Vaucluse.	94	Val-de-Marne.
85	Vendée.	95	Val-d'Oise.
86	Vienne.	971	Guadeloupe.
87	Vienne (Haute-).	972	Martinique.
88	Vosges.	973	Guyane.
89	Yonne.	974	Réunion.

Départements sans article (noms de)

Les noms de départements français où figurent deux termes unis par la conjonction «et» (ce sont tous des noms de cours d'eau) n'admettent pas l'article défini.

Employés dans une phrase comme sujet, attribut ou complément d'objet, ces noms seront obligatoirement précédés de l'expression «le département de...» ou d'un équivalent :

> Le département de Meurthe-et-Moselle possède la plus puissante centrale thermique de France.
>
> Le premier département français producteur de blé, d'orge et de maïs est celui d'Eure-et-Loir.

Employés comme complément de lieu, ces noms ne seront jamais précédés de la préposition «dans» (qui exige l'article) mais toujours de la préposition «en» :

en Ille-et-Vilaine	en Maine-et-Loire
en Indre-et-Loire	en Saône-et-Loire
en Loir-et-Cher	en Seine-et-Marne
en Lot-et-Garonne	en Tarn-et-Garonne

NOTA. – Il n'y a aucune raison d'inclure dans cette catégorie des «départements sans article» celui de :

> la Seine-Saint-Denis

Dépôt légal

Formalité consistant à déposer à la Bibliothèque nationale deux exemplaires des ouvrages d'édition. La mention *Dépôt légal* suivie du mois et du millésime doit figurer au bas de la dernière page imprimée.

> Dépôt légal novembre 1989

Deuxième *ou* second

Bien que ces deux adjectifs soient souvent considérés comme synonymes, on s'efforcera d'employer :

– *deuxième* quand l'énumération peut aller au-delà de deux ;
– *second* lorsqu'elle s'arrête à deux,

le Second Empire	la deuxième guerre punique
la IIe République	le deuxième quart du XIXe siècle
la seconde guerre médique	la seconde moitié du XXe siècle

« Notre première dame ne pouvait pas être l'unique. Vous ne serez pas la *seconde,* mais la *deuxième,* dans une théorie d'académiciennes françaises… » (Réception de Jacqueline de Romilly à l'Académie française.)

et avec optimisme :

la seconde guerre mondiale

Devises

Les devises sont de courtes formules se rapportant à des personnages ou des collectivités (villes, provinces, nations) dont elles passent pour résumer un trait de caractère, une ligne de conduite, un principe directeur, etc. Quelle que soit la forme sous laquelle on les rencontre (français, latin, langue étrangère), on les composera toujours en italique dans le romain et *vice versa* :

Qui s'y frotte s'y pique était la devise de Louis XI.

Les armes de la ville de Paris s'accompagnent de la devise *Fluctuat nec mergitur.*

Voir aussi Allégorie.

Dialogue

Suites de citations, les dialogues inclus dans un texte seront ouverts et clos par des guillemets. Les changements d'interlocuteurs seront marqués par des moins (tirets).

Plusieurs dispositions peuvent être utilisées :

1. Le cas le plus fréquent consiste à faire débuter en alinéa le dialogue, annoncé par un guillemet ouvrant, puis à renvoyer en alinéa chaque repartie, précédée d'un moins :

«Ma vue s'affaiblit, dit Irène.

– Prenez des lunettes, dit Esculape.

– Je m'affaiblis moi-même, continue-t-elle, et je ne suis ni si forte ni si saine que j'ai été.

– C'est, dit le dieu, que vous vieillissez.
– Mais quel moyen de guérir de cette langueur?
– Le plus court, Irène, c'est de mourir comme ont fait votre mère et votre aïeule. »

(La Bruyère, *Caractères.*)

Si la longueur d'une même repartie nécessite plusieurs alinéas, chacun de ceux suivant le premier débutera par un guillemet ouvrant.

2. Parfois les dialogues constitués de reparties courtes sont composés à la suite :

« Agis. – Je le ferai. – Mais quand donc ? – Dès demain. – Pourquoi pas aujourd'hui ? »

On procède de cette façon en poésie puisqu'on ne peut couper les vers :

Chemin faisant, il vit le cou du chien pelé.
« Qu'est-ce là ? lui dit-il. – Rien. – Quoi ! rien ! – Peu de chose.
– Mais encor ? – Le collier dont je suis attaché
De ce que vous voyez est peut-être la cause.
– Attaché ! dit le loup, vous ne courez donc pas
Où vous voulez? – Pas toujours, mais qu'importe?
– Il importe si bien que de tous vos repas
    Je ne veux en aucune sorte
Et ne voudrais pas même à ce prix un trésor. »
Cela dit, maître loup s'enfuit, et court encor.

3. Dans les ouvrages entièrement constitués de dialogues (pièces de théâtre, comptes rendus de débats, procès-verbaux sous forme de questions et réponses, etc.), on utilise une présentation particulière. Les noms des interlocuteurs (généralement composés en grande et petites capitales) sont rappelés avant chaque repartie et disposés soit « en vedette » (centrés au-dessus du texte) [c'est la règle dans le théâtre en vers] :

ORONTE

Croyez-vous donc avoir tant d'esprit en partage?

ALCESTE

Si je louais vos vers, j'en aurais davantage.

ORONTE

Je me passerai bien que vous les approuviez.

ALCESTE

Il faut bien, s'il vous plaît, que vous vous en passiez.

ORONTE

Je voudrais bien, pour voir, que de votre manière
Vous en composassiez sur la même matière.

ALCESTE

J'en pourrais, par malheur, faire d'aussi méchants;
Mais je me garderais de les montrer aux gens.

(Molière, *Le Misanthrope.*)

soit en sommaire, suivis alors d'un point-moins ou d'un deux-points (cas des pièces en prose) :

LUCILE. – Moi, je veux que vous mouriez?

CLÉONTE. – Oui, vous le voulez.

LUCILE. – Qui vous le dit ?

CLÉONTE. – N'est-ce pas le vouloir que de ne vouloir pas éclaircir mes soupçons ?

(Molière.)

Les jeux scéniques se composent en italique :

LE COMTE : Ô rage ! *(Se reprenant.)* Homme de bien qui feignez d'ignorer, nous ferez-vous au moins la faveur de nous dire quelle est la dame actuellement par vous amenée dans ce pavillon ?

FIGARO, *montrant l'autre avec malice :* Dans celui-là ?

LE COMTE, *vite :* Dans celui-ci.

(Beaumarchais.)

Dictons

Voir Proverbes.

Dieux et divinités (noms de)

Quand ils s'appliquent aux personnages eux-mêmes, les noms *singuliers* des dieux et des divinités – ou les expressions synonymes – prennent des majuscules :

Amon-Râ
Apollon
Baal
le Bon Dieu
(le) Bouddha
Brahma
le Christ Roi
le Fils
Jéhovah
le Messie
le Minotaure
Mithra
Odin (*ou* Wotan)
le Père
le Prophète
le Saint-Esprit
le Seigneur
Siva
le Tout-Puissant
le Très-Haut
Vichnou
Zoroastre

Dans le même cas, les noms *pluriels* portent aussi des capitales, soit qu'ils désignent un petit groupe en nombre déterminé, soit qu'on les assimile à des noms de peuples :

les (trois) Gorgones	les Amazones
les (trois) Grâces	les Cyclopes
les (neuf) Muses	les Titans
les (trois) Parques	les Walkyries

mais ils gardent la minuscule s'ils concernent des catégories entières d'êtres mythologiques ou légendaires constituant autant de noms communs :

les centaures	les gorgones
les dieux lares	les lémures
les elfes	les lutins
les farfadets	les nymphes
les gnomes	les sirènes

Les noms des dieux et divinités deviennent des noms communs quand ils n'indiquent plus les personnages eux-mêmes ; on les composera alors en bas de casse :

un amour d'enfant	le dieu du hasard
une junon	une furie et une mégère

ou quand ils servent à désigner des objets :

un christ en bronze	une feuille jésus

Mais la capitale sera conservée lorsqu'il s'agira d'une représentation de la divinité ou d'une allusion à elle :

un Christ de Titien	un travail de Titan
un Bouddha du VIIe siècle	la Vénus de Milo

Direction (organisme)

Voir Organismes d'État (multiples).

Division des mots

Voir Coupure des mots.

Divisions d'un ouvrage

Voir Titres intérieurs.

Doctrines et leurs adeptes

On composera en bas de casse les noms des doctrines, écoles, groupements, religions, sectes ainsi que ceux de leurs adeptes, adhérents, disciples, fidèles ou membres :

Religion.

l'animisme	les anglicans
le bouddhisme	les chrétiens
le catholicisme	les hindous
l'hindouisme	les israélites
le judaïsme	les juifs
le luthéranisme	les musulmans

Philosophie.

le cartésianisme	les déterministes
l'existentialisme	les épicuriens
le matérialisme dialectique	les jansénistes
le structuralisme	les positivistes
le thomisme	les stoïciens

Politique.

le communisme	les bonapartistes
le despotisme éclairé	les girondins
le fascisme	les jacobins
le gaullisme	les montagnards
le libéralisme	les spartakistes
le marxisme	les trotskistes

Littérature.

le dilettantisme	les classiques
le naturalisme	les encyclopédistes
le réalisme	les parnassiens
le symbolisme	les romantiques
l'unanimisme	les surréalistes

Art.

le cubisme	les dadaïstes
le dodécaphonisme	les divisionnistes
l'expressionnisme	les fauvistes
le néo-classicisme	les impressionnistes
le néo-réalisme	les préraphaélites

Toutefois, certains groupes portent de véritables noms propres :

le Bauhaus
le Cénacle
l'Encyclopédie
le groupe Cobra
les Nabis
la Nouvelle Vague
le Parnasse
la Pléiade

Voir aussi Partis politiques *et* Dynastie.

Doublon

Mot ou passage composé deux fois.
Voir aussi Bourdon.

Drapeau (composition en)

Voir Présentation du texte.

Durée

Les nombres s'appliquant à des durées n'ayant pas un caractère de précision marquée, de complexité ou de comparaison seront composés en lettres :

Il resta absent deux ans et demi.
Cela s'est passé voici cinq ou six mois.
La session dura trois jours.
Laissez chauffer pendant deux heures trois quarts.

Mais on composera en chiffres :

L'expérience dura 244 heures 26 minutes 7 secondes.
Le premier arriva avec 12 secondes d'avance, après avoir bouclé le circuit en 18 minutes 3/10.

Dynastie

Les numéros d'ordre des dynasties se composent en chiffres romains grandes capitales :

La pyramide de Chéops illustre l'architecture de la IVe dynastie.

Les noms dynastiques prennent une capitale initiale ; seuls les noms français ou francisés prennent la marque du pluriel :

les Capétiens	les Habsbourg
les Stuarts	les Romanov
les Tudors	les Borgia

Employés adjectivement, ils s'écrivent en bas de casse :

les Francs mérovingiens	les Perses sassanides

Échelle cartographique

Le rapport entre les distances figurées sur une carte et les distances réelles – l'échelle – s'exprime en chiffres arabes. On écrira :

une carte routière au 1/200 000

et l'on proscrira l'écriture fautive avec un *e* supérieur :

faire un levé au 1/10 000^{e}

École

Voir Enseignement.

Église

Ce mot se compose avec une capitale initiale quand il désigne soit le pouvoir spirituel ou temporel d'une des confessions chrétiennes, soit l'ensemble des fidèles et du clergé, soit encore un groupe d'entre eux pris comme unité administrative ou morale :

la sainte Église	l'Église anglicane
un homme d'Église	l'Église de Paris
les États de l'Église	les Églises protestantes

Il s'écrit avec une initiale bas de casse quand il représente :

– un lieu de culte, édifice ou monument :

les chants d'église	l'église paroissiale
une église gothique	fréquenter l'église

l'église Saint-Germain-des-Prés
l'église Saint-Pierre de Moissac
l'église Notre-Dame de Lourdes (à Lourdes)
l'église Notre-Dame-de-Lourdes (à Paris)

– une école, une coterie, un petit groupe de personnes professant la même doctrine ou visant le même but :

une église très fermée
l'église hugolienne

Éléments chimiques

Voir Chimie.

Empire

Voir Pays ou États (noms de) *et* Régimes politiques (noms des).

Enseignement (noms des établissements d')

Parmi les établissements universitaires et scolaires, on peut distinguer :

– ceux qui ont une importance nationale : ils se situent généralement à un niveau supérieur et sont très peu nombreux (souvent même uniques) dans chaque branche d'enseignement. Les qualificatifs de « national » et de « supérieur » se rencontrent fréquemment dans les dénominations – véritables noms propres – de ces centres, instituts ou grandes écoles.

On composera avec une capitale initiale le premier nom de l'appellation (complète ou abrégée), ainsi que l'adjectif qui le précède :

l'Alliance française
le Centre des hautes études militaires
le Collège de France
le Conservatoire national des arts et métiers (*ou* les Arts et Métiers)
l'École de l'air (de Salon-de-Provence)
l'École centrale des arts et manufactures (*ou* Centrale)
l'École des chartes
l'École des hautes études commerciales (*ou* les Hautes Études commerciales)
l'École du Louvre
l'École militaire interarmes (de Coëtquidan)
l'École nationale d'administration (*ou* l'ENA)
l'École nationale des ponts et chaussées (*ou* les Ponts et Chaussées)
l'École nationale supérieure des beaux-arts (*ou* les Beaux-Arts)
l'École nationale supérieure des arts décoratifs (*ou* les Arts décoratifs)
l'École nationale supérieure de la métallurgie et de l'industrie des mines (de Nancy)
l'École nationale supérieure des mines (*ou* les Mines) [de Paris ou de Saint-Étienne]
l'École navale (de Brest)
les Écoles normales supérieures

l'École polytechnique (*ou* Polytechnique)
l'École pratique des hautes études (*ou* les Hautes Études)
l'École spéciale militaire (de Coëtquidan)
l'École supérieure d'électricité
l'Institut d'études politiques
l'Institut national des sports
l'Institut Pasteur (de Paris)
le Prytanée militaire (de La Flèche)

– ceux qui ont une importance régionale ou locale : ils sont évidemment beaucoup plus nombreux et situés à tous les niveaux d'enseignement. Leurs noms sont des noms communs (collège, école, faculté, institut, lycée, université, etc.) qui seront composés en bas de casse. L'individualisation sera marquée par un nom propre de personne ou de lieu (donc avec capitale) et par la spécialité enseignée (en bas de casse) :

l'académie de Grenoble
le collège d'enseignement secondaire de Lagny
le collège Sévigné
l'école d'application du génie d'Angers
l'école Bréguet
l'école Estienne
l'école maternelle Victor-Hugo de Nîmes
l'école primaire d'Arpajon
la faculté des sciences d'Orsay
l'institut Pasteur de Marseille
l'institut universitaire de technologie de Reims
le lycée agricole d'Aurillac
le lycée d'État Henri-IV
le lycée technique nationalisé Frédéric-Mistral d'Arles
l'université de Besançon

REMARQUES. – Employé au sens de « corps médical », le mot *Faculté* s'écrit avec une majuscule initiale ; de même le mot *Université,* au sens de « corps enseignant ».

Enseignes commerciales

Les noms des enseignes commerciales prennent des capitales au mot initial, aux noms et aux adjectifs importants.

Quand ils sont cités intégralement on les compose de préférence en italique :

l'auberge *Au Cheval Blanc*
le bar *Au Chien qui fume*
les grands magasins *Au Printemps*

Lorsqu'ils ne sont reproduits que partiellement, ces noms restent en romain et les mots conservés sont reliés par des traits d'union :

l'auberge du Cheval-Blanc
le bar du Chien-qui-fume
les grands magasins du Printemps

Si l'enseigne comporte un nom commun, les deux méthodes se justifient également ; on adoptera de préférence la seconde qui est la plus simple :

le café de la Paix
l'hôtel des Voyageurs
le Grand Hôtel

Épigraphe

Une épigraphe est une courte citation placée en tête d'un livre ou d'un chapitre pour en résumer l'objet ou l'esprit.

Les épigraphes seront composées en petits caractères non interlignés. Elles ne doivent jamais excéder les deux cinquièmes de la justification. On les renfoncera à droite d'un ou de deux cadratins.

Les épigraphes en prose seront composées en alinéa. Dans les épigraphes en vers, l'alignement se fera sur le vers le plus long, avec le renfoncement propre à la versification.

Quand la citation est en latin ou en langue étrangère et accompagnée de sa traduction, on compose le texte en italique et la traduction en romain entre guillemets.

Si l'on indique la source, le nom de l'auteur sera composé en petites capitales avec initiale grande capitale.

CHAPITRE PREMIER

Multa magis quam multorum lectione formenda mens et ducendus est color.

« C'est en lisant beaucoup plutôt qu'en lisant beaucoup d'auteurs qu'il convient de former son esprit et de donner de la couleur à son style. »

QUINTILIEN, *Inst. orat.*, X, I.

Époques historiques et préhistoriques

Certaines de ces époques portent des noms propres (avec capitale initiale au premier substantif et à l'adjectif qui éventuellement le précède) :

le Tertiaire	la Renaissance
le Magdalénien	le Grand Siècle
le Néolithique	le Siècle d'or
l'Antiquité	le Siècle des lumières
le Moyen Âge	les Temps modernes
le Quattrocento	la Belle Époque
l'Occupation	les Années folles

Mais on composera en bas de casse :

l'âge d'or	l'ère chrétienne
l'âge de la pierre polie	les grandes invasions
l'âge du fer	la période précolombienne
l'ère quaternaire	l'époque contemporaine

Voir aussi Géologie.

Ère

Voir Époques *et* Géologie.

Espagnol (composition de l')

Les accents utilisés en espagnol sont : l'accent aigu (á é í ó ú), le tréma (ü) et le tilde (ñ).

L'alphabet comporte la lettre redoublée *ll.*

L'apostrophe n'est pas employée.

Une phrase interrogative est précédée d'un point d'interrogation retourné et terminée par un point d'interrogation classique.

Une phrase exclamative est précédée d'un point d'exclamation retourné et terminée par un point d'exclamation.

Ces signes sont séparés des mots concernés par une espace fine insécable :

¿ Cuanto ? (Combien ?) ¡ Arriba ! (Debout ! Vive !)

Un tiret placé au début d'un alinéa ou séparant deux propositions se colle à la lettre qui précède ou qui suit.

À noter que le titre « Don » ne s'emploie que devant un prénom.

État *ou* état

Ce mot se compose avec une capitale initiale quand il désigne un pays, une nation, son gouvernement, son administration :

les États baltes	un coup d'État
l'État d'Israël	un homme d'État
les États-Unis	un ministre d'État
l'État providence	la raison d'État
une affaire d'État	la religion d'État
un conseiller d'État	un secret d'État

Dans ses autres sens, ce mot s'écrit en lettres minuscules :

état civil	état-major [1]
état d'âme	action d'état
état de siège	en l'état

Il se compose aussi en bas de casse quand il désigne l'un des trois ordres de l'Ancien Régime ou leurs assemblées communes :

l'état de la noblesse	les états provinciaux
le tiers état [2]	les états de Bretagne
les états généraux	les états du Dauphiné

sauf dans deux expressions historiques :

les États généraux (ceux de 1789)
le pays des États-Généraux (partie des Pays-Bas au XVIe siècle)

État-major

Voir État *ou* état *et* Organismes d'État.

« et » commercial (&)

Ce signe ne s'utilise que dans les raisons sociales.

La société Durand fils & Cie.

Ce signe est parfois utilisé pour *et* dans les ouvrages très soignés surtout dans l'italique.

Étrangers (emploi de mots)

Les mots, expressions, citations donnés dans une langue étrangère et non francisés se composent en italique dans un texte français en romain :

Wait and see, disent prudemment les Anglais.

1. *Mais* l'État-Major général *et* le Grand État-Major.
2. *Mais* le Tiers.

Si l'on en donne la traduction, celle-ci suivra soit en romain entre parenthèses :

L'arabe *kafr* (tombeau) se retrouve dans *kapharnaüm* (tombeau de Nahum)

soit entre guillemets, de préférence, s'il s'agit de citations :

Italia farà da sè! (« L'Italie se fera par elle-même ! ») était la devise de Cavour.

De très nombreux termes étrangers, adoptés par l'usage, se composent cependant en romain comme ces exemples appartenant au langage courant :

condottiere, conquistador, leitmotiv, match, sketch, week-end

Les noms de sociétés et organismes étrangers se composent également en romain.

Événements historiques

Les noms d'événements historiques ou politiques se composent avec une capitale initiale au mot caractéristique et à l'adjectif qui éventuellement le précède :

l'Affaire (l'affaire Dreyfus)
les Cent-Jours
la Chouannerie
la Commune
Mai 68
l'Émigration
le Front populaire
le Grand Schisme
l'Inquisition
la Jacquerie
la journée des Dupes
la Libération
la Longue Marche
les massacres de Septembre
le Printemps de Prague
la querelle des Investitures
la Réforme
la Résistance
la Révolution (de 1789)
la révolution de 1848
la révolution d'Octobre
le Risorgimento
la Ruée vers l'or
le serment du Jeu de paume
les Trois Glorieuses
les Vêpres siciliennes

Exergue

Voir Épigraphe.

Exposants

Voir Chimie *et* Mathématiques.

Expositions, foires

Voir Manifestations artistiques, commerciales, sportives.

Faculté

Voir Enseignement.

Fascicule

Les livraisons de certaines publications périodiques ou les éléments d'ouvrages édités par fragments portent le nom de fascicules. Ils se distinguent par un numéro que l'on compose en chiffres romains grandes capitales :

Le fascicule IV traite de la pollution des eaux.

Fausse page

Voir Page.

Faux titre

Voir Titre.

Fer (au)

Voir Présentation du texte.

Fêtes civiles et religieuses

Les noms de fêtes s'écrivent avec une capitale initiale au nom caractéristique et à l'adjectif qui éventuellement le précède :

la fête des Mères
la fête du Travail
les Grandes Dionysies
le Jour de l'an
le Nouvel An
le Premier de l'an
le jour des Morts
le Mardi gras
le mercredi des Cendres
la Mi-Carême
la Noël
le 11 Novembre
les Panathénées
la Pentecôte
le 1er Mai
le 14 Juillet
la Saint-Jean
la Saint-Valentin
les Saturnales
le Vendredi saint

Figure

Les numéros des figures se composent généralement en chiffres arabes. Le terme *figure* ne s'abrège qu'entre parenthèses, dans les notes, les rubriques bibliographiques et en légende sous les illustrations. Dans ce dernier cas, le plus souvent en grande et petites capitales.

Le texte de la légende se compose en italique dans un ouvrage en romain :

FIG. 3. – *Vue en coupe.*

Films cinématographiques (noms de)

Voir Titres d'œuvres et de journaux.

Folio

On appelle folio le numéro d'ordre d'une page. Placé soit en tête, soit en pied, il peut, dans chacune de ces situations, être disposé de trois façons différentes :

- au milieu de la justification;
- au bord extérieur, seul ou avec un titre courant;
- au bord intérieur, exclusivement avec un titre courant.

Le folio peut parfois se trouver placé dans la marge extérieure de la page.

Comme les numéros d'ordre, les folios se composent en chiffres arabes collés. Dans certains ouvrages on utilise les chiffres romains petites capitales pour composer les folios des parties accessoires placées au début (introduction, préface...); le texte commence alors au folio 1.

Les hors-texte ne comportent pas de folios car ils ne sont pas compris dans la pagination.

Lorsque les folios sont disposés en tête, les pages commençant par un titre important ou un chapitre disposé « en belle page » (page impaire) n'en comportent pas.

Lorsque les folios sont disposés en pied, on les supprime sous les fractions de pages terminant un chapitre, une partie... (fractions de pages appelées « pages creuses »).

Fonctions et titres civils

Les noms des fonctions, charges ou titres civils, publics ou privés, administratifs ou religieux, se composent normalement en bas de casse :

l'académicien	le ministre
l'archevêque	*mais* le Premier ministre
le bonze	le pape
le calife	le préfet
le cardinal	le président de la République
le chancelier	le président-directeur général
le dalaï-lama	le président du Conseil
le député	le prince
le directeur adjoint	le recteur
le doyen	le révérend père
l'émir	le roi
l'empereur	le secrétaire général
l'impératrice douairière	le sénateur
le lord-maire	le souverain pontife

Toutefois, dans un ouvrage particulier, l'auteur peut utiliser un titre ou une fonction à la place du nom propre d'un personnage facilement reconnaissable ; ce terme pourra alors prendre la majuscule :

le conflit entre l'Empereur (Napoléon Ier) et le Pape (Pie VII)
le Cardinal (Richelieu)

Dans les textes officiels, on rencontre souvent avec une capitale initiale :

le Président de la République

Il existe enfin d'autres titres qui, n'ayant eu qu'un seul détenteur, sont assimilables à des noms propres :

le Caudillo	le Führer
le Duce	le Régent

Voir aussi Grades et fonctions militaires *et* Surnoms.

Fonds

Voir Organismes internationaux.

Format

Le mot «format» est utilisé pour désigner :

1. Une feuille de papier dite «in-plano» et qui possède des dimensions déterminées.

Le format de base ISO A0 a une surface de 1 m². Le rapport de ses côtés, constant pour toutes ses subdivisions, est $\sqrt{2}$ (soit 1,414 2).

Ce format a remplacé – dans un but de standardisation – ceux en usage auparavant. Voici les dimensions du format de base ISO A0 et de ses principales subdivisions :

Désignation des subdivisions	Dimensions correspondantes (formats finis)
	mm
ISO A0	841 × 1 189
ISO A1	594 × 841
ISO A2	420 × 594
ISO A3	297 × 420
ISO A4	210 × 297

Les formats les plus utilisés à l'Imprimerie nationale avant la standardisation ISO étaient les suivants :

Appellations des formats de papier	Dimensions correspondantes
	mm
Carré	440 × 550
Raisin	490 × 640
Jésus	540 × 710
Jésus spécial	550 × 750

2. Les dimensions d'un ouvrage, sortant de l'imprimerie dans sa présentation définitive, sous la forme d'un livre, d'un registre, d'un cahier, etc.

Savoir qu'un volume a été tiré sur format raisin ou bien qu'il s'agit d'un in-quarto sera donc insuffisant pour en connaître les caractéristiques. Par contre, la double précision « in-quarto raisin » renseignera exactement si l'on sait que l'in-quarto est obtenu par pliage de la feuille raisin en quatre feuillets.

Le tableau ci-dessous en facilitera la bonne compréhension :

Feuille	Format obtenu	Nombre de feuillets	Nombre de pages
Non pliée	in-plano	1	2
Pliée 1 fois	in-folio	2	4
Pliée 2 fois	in-quarto	4	8
Pliée 3 fois	in-octavo	8	16
Pliée 4 fois	in-seize	16	32

ÉCRITURE DES FORMATS

Les indications de formats, sauf l'in-plano, s'abrègent dans les catalogues, les références, les notices bibliographiques :

> volume in-4° broché, grand in-12, in-8° de 350 pages

Dans un texte, et surtout lorsque le format est substantivé et non pas employé adjectivement, on compose au long :

> un précieux in-folio, un in-octavo illustré, des in-quarto

On écrit (en romain dans le romain) :

> in-plano, in-folio (in-fol.), in-quarto (in-4°), in-six (in-6), in-octavo (in-8°, in-8), in-douze (in-12), in-seize (in-16), in-dix-huit (in-18), in-vingt-quatre (in-24), in-trente-deux (in-32)

Fractions

Dans les ouvrages scientifiques, les fractions seront composées sur deux lignes séparées par un filet maigre :

$$\frac{2}{3} \qquad \frac{13}{15} \qquad \frac{7}{100} \qquad \frac{x}{y}$$

mais dans un texte courant, numérateur et dénominateur seront composés sur la même ligne, séparés par un filet oblique, dit barre de fraction :

> 2/3, 13/15, 7/100, 1/50 000

Une même fraction peut s'écrire différemment :

$$\frac{12-5}{4+7} \quad \textit{ou} \quad (12-5):(4+7)$$

On ne fera jamais suivre une fraction par les lettres supérieures abréviatives : ^{e}, ^{me}, ^{ième}.

En dehors des mathématiques et des taux d'intérêt – où l'on utilise les chiffres –, les fractions se composeront en lettres, chaque fois que n'en souffriront ni la facilité de la lecture ni la clarté du sens.

On écrira :

> Nous attendrons une demi-heure, trois quarts d'heure tout au plus.
> La majorité des deux tiers est requise.

mais :

> Il termina l'épreuve à 71/100 de seconde du vainqueur.
> Verser un intérêt de 3 1/2 % l'an.

Voir aussi Heure.

Franc

Le symbole du franc français est F, ou FRF lorsqu'il y a risque de confusion avec des monnaies étrangères susceptibles d'être, même par erreur, abrégées par F telles que franc belge, franc suisse, florin.

Le symbole MF peut être employé dans les tableaux, statistiques, etc., pour désigner le million de francs. Le millier de francs peut être symbolisé par kF (kilofranc). Milliard de francs doit s'écrire en toutes lettres.

Sont donc à proscrire les écritures suivantes :

> 100 ^{f}, 100 f, 100 fr., 100 Frs *au lieu de* 100 F ou 100 francs
> 1 MdF *au lieu de* 1 milliard de francs
> 684 F 80 *au lieu de* 684,80 F
> quinze F trente-cinq *au lieu de* quinze francs trente-cinq centimes.

Galerie

Voir Musées (noms de).

Garde (*ou* feuillet de garde)

Pages blanches placées au début et à la fin d'un volume ; elles sont comprises dans l'imposition et parfois dans la pagination, solution souhaitable pour l'imprimeur.

Un volume relié comporte généralement deux feuillets blancs à son début et deux feuillets blancs à sa fin; en reliure, les premier et dernier feuillets de garde placés à l'extérieur du corps d'ouvrage sont collés sur la couverture.

Tout ouvrage de labeur ou de demi-labeur, piqué ou broché, sera pourvu d'un feuillet blanc à son début et d'un feuillet blanc à sa fin.

Certains ouvrages techniques peuvent porter de la publicité sur les pages de garde.

Les travaux courants ne comportent pas de feuillets de garde.

Genre des mots

Il est utile de rappeler le genre des mots suivants, sur lequel on hésite souvent et pour lequel des divergences existent parfois entre les dictionnaires.

NOMS MASCULINS

abaque
abysse
acabit
acrostiche
aérolithe
agrumes
albâtre
alvéole
amalgame
ambre
amiante
ammoniac
ampère
anathème
anévrisme
antidote
antipode
antre
apanage
aphte
apogée
apologue
appendice
après-guerre
après-midi
arcane
aria (embarras)
armistice
aromate
arpège
asphalte
asphodèle
astérisque
astragale
athénée
augure
auspice
autoclave
autographe
automne
balustre
basalte
camée
campanile
canope
chrysanthème
cippe
colchique
comté
curie (unité de mesure)
cytise
décombres
denticule
dithyrambe
effluve
ellébore
élytre
embâcle
emblème
émétique
emphysème
empyrée
en-tête
entracte
éphémère
épilogue
épisode
épithalame
équinoxe
ergastule
érysipèle
escarpe (bandit)
esclandre
évangile
exergue
exorde
fastes
flagelle
flasque (flacon plat)
forsythia
girofle
glucose
granule
haltère
héliotrope
hémicycle
hémisphère
hémistiche
holocauste
hyménée
hypogée
interligne
interstice
ivoire
jade
jaspe
jujube
lactose
libelle
lignite
limbes
lobule
mânes
mausolée
myrte
naphte
narcisse
nimbe
obélisque
ocelle
opercule
ophicléide
opprobre
orbe
ove
ovule
ozone
pamplemousse
pampre
pénates
pendule (balancier)
périgée
pétale
pétiole
planisphère
régule
saccharose
sépale
sévices
simples (plantes)
socque
solde (vente au rabais)
tentacule
termite
thyrse
trille
tubercule
ulcère
viscère
vivres
vorticelle

NOMS FÉMININS

abscisse
abside
absinthe
acné
acre
acoustique
acropole
affres
agape
alcôve
algèbre
alidade
alluvion
améthyste
amiante
ammoniaque
anagramme
ancre
anicroche
anthracite
antichambre
apostille
apostrophe
appendicite
arabesque
argile
aria (mus.)
arrhes
arsouille
atmosphère
aura
autoroute
autostrade
avant-scène
azalée
bakélite
bauxite
besicles
bonace
bougainvillée
campanule
câpre
caroube
caténaire
céruse
clepsydre
colophane
créosote
cryptogame
dartre
débâcle
disparate
ébène
ébonite
écarlate
échappatoire
écritoire
égide
encaustique
entrecôte
enzyme
éphéméride
épice
épigramme
épigraphe
épistaxis
épitaphe
épithète
épître
équivoque
escarpe (talus)
escarre
espace (arts graphiques)
estafette
féra
fiasque
flasque (poire à poudre)
gélule
gemme
hélice
horloge
hysope
igname
immondice
interligne (arts graphiques)
interview
malachite
métastase
météorite
millefeuille (plante)
molécule
moustiquaire
nacre
oasis
obsèques
ocre
omoplate
orbite
ordonnance [1]
orfraie
orge (sauf orge mondé, orge perlé)
oriflamme
orthographe
palabre
pendule (horloge)
perce-neige
phalène
phanérogame
pièze
prémices
prémisse
primeur
réglisse
scolopendre
scorsonère
sépia
spore
stalactite
stalagmite
strate
ténèbres
topaze
urticaire
vicomté

1. L'usage emploie aujourd'hui le masculin pour les accords de l'adjectif ou du participe lorsque ce substantif désigne le « soldat mis à la disposition d'un officier ».

Géographie (noms propres de)

Les noms propres géographiques peuvent revêtir des formes très variées. Aussi les problèmes posés par le placement des majuscules sont-ils nombreux : noms simples et composés, rôle des adjectifs, valeur de l'article devant les noms de localités, noms géographiques étrangers, surnoms, etc.

On trouvera ci-dessous, d'une part, l'énumération des principales règles ou conventions pratiquées en cette matière et, d'autre part, pour les illustrer, une liste alphabétique unique d'exemples, chacun de ceux-ci étant suivi d'un chiffre renvoyant à la règle appliquée.

1. *Rencontré seul*, le nom propre géographique (qu'il soit nom propre par nature ou par occasion) prend naturellement une majuscule :

> l'Europe
> les Détroits (Bosphore et Dardanelles)

2. *Nom commun d'espèce individualisé par un nom propre ou par un adjectif*; celui-ci reçoit une capitale initiale [1], le nom commun reste en bas de casse :

> la baie des Anges
> le cap Vert

2 *bis*. *Exceptions* à la règle précédente, certaines dénominations prennent traditionnellement la majuscule au nom commun d'espèce mais la minuscule à l'adjectif qui le suit :

> le Bassin parisien
> le Massif central

3. Le nom commun d'espèce et l'adjectif ou le nom propre qui l'accompagne servent, ensemble, de nom propre (avec deux capitales et un trait d'union) *à un autre nom commun d'espèce* (qui, lui, reste en bas de casse) :

> les îles du Cap-Vert
> le massif du Mont-Blanc

4. *Nom propre accompagné d'un adjectif « accessoire »*, dont le rôle consiste simplement à distinguer, *dans l'ensemble unique* défini par le nom propre, *plusieurs parties* (selon l'altitude, l'orientation du lieu, la langue, la nationalité de ses occupants, etc.); cet adjectif conserve la minuscule :

> la basse Seine (le cours inférieur du fleuve)
> l'Asie centrale
> la Gaule cisalpine

1. Si l'adjectif peut être remplacé par un complément de nom équivalent, il reste en bas de casse : *la côte atlantique (la côte de l'Atlantique), la chaîne alpine (la chaîne des Alpes).*

5. *Nom propre accompagné d'un adjectif nécessaire à l'identification* non plus d'une partie par rapport à un ensemble mais d'un site, d'une contrée, d'un pays *nettement individualisé* du point de vue physique, économique ou humain; les deux mots portent une majuscule et sont souvent liés par un trait d'union :

la Basse-Seine (le complexe économique)
l'Asie Mineure
Terre-Neuve
la Haute-Volta

6. *Noms français ou francisés d'unités administratives* (pays, départements, localités...) ; ils prennent des capitales aux substantifs et aux adjectifs; leurs composants sont liés par des traits d'union, à l'exception de l'article initial :

les Pays-Bas
La Nouvelle-Orléans

7. *Noms étrangers (non francisés) d'unités administratives* (États, provinces, villes...); on s'efforcera d'en respecter l'orthographe d'origine en ne mettant ni accents ni traits d'union mais en attribuant la majuscule aux substantifs, aux adjectifs et, pour les localités seulement, à l'article initial :

le New Hampshire
Los Angeles
New York
Venezuela

7 *bis.* Les noms et adjectifs francisés *dérivés de noms étrangers* seront composés « à la française » avec accents et traits d'union :

la foule new-yorkaise
les Vénézuéliens

8. *L'article précédant le nom* d'une commune prend la majuscule (sauf s'il y a contraction) :

Le Havre
La Rochelle
la ville du Mans

9. *L'article précédant* un lieu-dit, un quartier d'agglomération et *tout terme géographique autre qu'un nom de commune* (pays, îles, montagnes, fleuves, etc.) conserve la minuscule :

les Batignolles
la Martinique

10. *Les surnoms géographiques*, expressions traditionnelles suffisant à identifier certaines régions ou villes, se composent généralement avec une capitale aux substantifs et aux adjectifs qui précèdent le premier substantif :

la Côte d'Azur
le Nouveau Monde

QUELQUES EXEMPLES

l'Afrique noire [4]
l'aiguille Verte [2]
Aix-la-Chapelle [6]
Alice Springs [7]
les Alpes bavaroises [4]
les Alpes-de-Haute-Provence [6]
l'Amérique centrale [4]
l'Amérique latine [4]
l'Arabie Heureuse [5]
l'Arabie Saoudite [5]
l'Archipel [1] (la mer Égée [2])
l'archipel Frison [2]
Les Arcs [8]
l'Asie centrale [4]
l'Asie Mineure [5]
l'Australie-Méridionale [6]
Bahia Blanca [7]
la baie du Mont-Saint-Michel [3]
le ballon d'Alsace [2]
le Bas-Languedoc [5]
le Bas-Rhin [6]
la basse Seine [4] (le cours inférieur du fleuve)
la Basse-Seine [5] (ensemble économique)
le Bassin aquitain [2 *bis*]
le bassin d'Aquitaine [2]
le Bassin parisien [2 *bis*]
le Bassin rouge [2 *bis*]
Baton Rouge [7]
Belle-Île-en-Mer [6]
le Bocage normand [2 *bis*]
le bois de Boulogne [2] (*ou* le Bois [1])
les Bouches-du-Rhône [6]
Buenos Aires [7]
le canal du Berry [2]
le canal Impérial [2]
le canal des Deux-Mers [3]
Le Cap [6] (Cape Town [7])
le cap Bon [2]
Capbreton [1] (commune)
Cap-Breton [5] (île canadienne)
Cap-d'Ail [6] (commune)
le cap de Bonne-Espérance [2]
le cap Finisterre [2] (Espagne)
le cap Gris-Nez [2]
le cap Vert [2] (*mais* les îles du Cap-Vert [3])
le causse Noir [2]
Châlons-sur-Marne [6]
Chalon-sur-Saône [6]
Château-Chinon [6]
le château de Chinon [2]
le chott Melrhir [2]
le cirque de Gavarnie [2]
la Cisalpine [1] (*mais* la Gaule cisalpine [4])
le col de la Croix-Haute [2-5]
le col du Mont-Cenis [3]
la Colombie britannique [4]
le Comtat [1] (le comtat Venaissin [2])
la cordillère Bétique [2]
la Cordillère centrale [2 *bis*]
la cordillère des Andes [2]
la Côte [1] (région suisse)
la Côte d'Argent [10]
la Côte d'Azur [10]
la Côte-de-l'Or [6] (Ghana)
la Côte d'Émeraude [10]
la côte des Esclaves [2]
la Côte-d'Ivoire [6]
la Côte d'Opale [10]
la Côte-d'Or [6]
la Côte Fleurie [10]
la Côte Vermeille [10]
les côtes de Meuse [2]

Les chiffres renvoient aux règles énoncées en tête de la rubrique.

les Côtes lorraines [2 *bis*]
les Côtes-d'Armor [6]
le crêt de la Neige [2]
la Croix-Rousse [5-9] (quartier)
La Croix-Valmer [8] (commune)
Den Haag [7] (La Haye [8])
la dent Blanche [2]
la dent du Midi [2]
Des Moines [7] (ville des USA)
les Deux-Sèvres [6]
Diégo-Suarez [6]
le djebel Cham [2]
les Détroits [1] (turcs)
la Doire Baltée [5]
l'Entre Rios [7] (province)
l'Équateur [1] (État), *mais* l'équateur (terrestre)
les États-Unis [6]
l'Extrême-Orient [5]
le fleuve Jaune [2]
le fleuve Rouge [2]
la Forêt-Noire [3] (massif)
Fort-de-France [6]
Fort Worth [7]
Francfort-sur-le-Main [6]
Frankfurt am Main [7] (a. M.)
la Gaule cisalpine [4]
le gave de Pau [2]
le golfe du Lion [2]
le golfe Persique [2]
le Grand Bassin [7]
le Grand Canyon [7]
La Grand-Combe [6-8]
la Grande Barrière [5-10] (la barrière de Ross [2])
la Grande-Bretagne [5-6]
la Grande-Chartreuse [5-9]
la Grande-Grèce [5]
le Grand Erg oriental [5]
les Grandes Antilles [10]
la Grande-Terre [5]
la Grande Vallée [5]
le Grand Lac de l'Ours [5]
le Grand Lac Salé [5]
le Grand Nord [5]
Grand Rapids [7]
le Grand Rhône [5]
le Grand-Saint-Bernard [5]
les Grands Lacs [5]
la Guadeloupe [9]
le Guatemala [7]
les Guatémaltèques [7 *bis*]
la Guinée portugaise [4]
la Guyane française [4]
la haute Loire [4] (le fleuve)
la Haute-Loire [6] (le département)
la haute Provence [4]
la Haute-Volta [6]
les Hauts-de-Seine [6]
La Havane [8]
Le Havre [8]
le Honduras britannique [4]
Hong Kong [7]
l'Île-de-France [6]
l'île de France [2] (île Maurice [2])
l'île Longue [2]
L'Île-Rousse [6-8]
L'Île-Saint-Denis [6-8]
les îles Anglo-Normandes [2]
les îles Antipodes [2]
les îles Baléares [2]
les îles Britanniques [2]
les îles d'Or [2]
les îles du Cap-Vert [3]
les îles du Vent [2]
les îles Gilbert [2]
les îles Mariannes [2]
les îles Sous-le-Vent [2]
le lac Blanc [2]
le lac Noir [2]
Las Palmas [7]
Las Vegas [7]
Leningrad [7]
Les Lilas [8]
la Libye [1-9]
Los Alamos [7]
Los Angeles [7]
la Maine [1] (rivière)
le Maine [1] (province, État)
la Manche [1]
la manche de Tartarie [2]
Le Mans [8]

Les chiffres renvoient aux règles énoncées en tête de la rubrique.

la Martinique [9]
le Massif armoricain [2 *bis*]
le Massif central [2 *bis*]
le massif de la Forêt-Noire [3]
le massif du Mont-Blanc [3]
le Mato Grosso [7]
La Mecque [8]
Medina del Campo [7]
la mer Blanche [2]
la mer Morte [2]
la mer Rouge [2]
la Mongolie-Intérieure [6]
la Montagne noire [2 *bis*]
Les Montagnes bleues [2 *bis*]
les montagnes Rocheuses [2]
le mont Blanc [2]
le Mont-Dore [3] (massif)
Le Mont-Dore [9] (commune)
les monts Dore [2]
Montevideo [7]
le mont Maudit [2]
Le Mont-Saint-Michel [6] (commune)
le Moyen-Orient [5]
New Jersey [7]
New York [7]
les New-Yorkais [7 *bis*]
le Nouveau Monde [10]
le Nouveau-Mexique [6]
la Nouvelle-Angleterre [5-9]
La Nouvelle-Orléans [6-8] (New Orleans [7])
l'Océan [1] (l'océan Atlantique [2])
l'océan Glacial Arctique [2]
l'océan Indien [2]
la pampa (zone végétale)
la Pampa [1] (prov. argentine)
le pas de Calais [2] (détroit)
le Pas-de-Calais [6] (département)
le passage du Nord-Ouest [2]
le Pays basque [2 *bis*]
le pays de Bray [2]
le pays de Galles [2]
les Pays-Bas [6]
la péninsule Ibérique [2]
le pertuis Breton [2]
le plateau de Millevaches [2]
le Plateau (ou Massif) central [2]
Pointe-Noire [6]
le pôle Nord [2]
Port-Arthur [6]
Port-au-Prince [6]
Port Moresby [7]
Port of Spain [7]
Porto Rico [7]
Port-Saïd [8]
le Proche-Orient [5]
le puy de Dôme [2]
le Puy-de-Dôme [6] (département)
le puy Mary [2]
la région de Paris [2] (*ou* la région parisienne)
la Région parisienne [2 *bis*] (région économique)
la région Champagne-Ardenne [2-6]
la région Nord - Pas-de-Calais [2-6]
la région Poitou-Charentes [2-6]
la région Provence - Alpes - Côte d'Azur [2-6]
la Réunion [9]
Rio de Janeiro [7]
le Rio de La Plata [7]
le Rio de Oro [7]
le rio Grande do Norte [2] (fleuve)
le Rio Grande do Sul [7] (État)
Riom-ès-Montagnes [6]
la Riviera [10]
la rivière Noire [2]
la rivière Rouge [2]
La Rochelle [8]
les Rocheuses [1]
la route Bleue [2]
Saint Andrews [7]
Saint-Jean-Pied-de-Port [6]
Saint-Pierre-et-Miquelon [6] (territoire)
Saint-Rémy-lès-Chevreuse [6]
Salt Lake City [7]
San Remo [7]
São Paulo [7]
la Seine-Saint-Denis [6]
la Sèvre Niortaise [5]
's Gravenhage [7] (La Haye [8])
la Sierra Leone [7] (État)

Les chiffres renvoient aux règles énoncées en tête de la rubrique.

la sierra Nevada [2] (montagne)
la terre Adélie [2]
la Terre de Feu [10]
Terre-Neuve [5]
le territoire de Belfort [2]
le Tiers Monde [10]
La Tour-du-Pin [6-8]
les Trois-Vallées [6]
le tropique du Cancer [2]
le tunnel du Mont-Blanc [3]
le Val de Loire [10]
Val-d'Isère [6]
la vallée Blanche [2]
la Vénétie Julienne [5]
le Venezuela [7]
les Vénézuéliens [7 bis]
le Vietnam [1]
la Ville Éternelle [10]
la Villette [9]
la Virginie-Occidentale [6]

Les chiffres renvoient aux règles énoncées en tête de la rubrique.

Voir aussi Arabe (noms propres transcrits de l'), Départements, Pays, Peuples *et* Points cardinaux.

Géologie

Les noms des divisions géologiques (ères, périodes, étages) et archéologiques prennent une capitale :

le Paléolithique
le Crétacé supérieur
le Secondaire (*mais* l'ère secondaire)
le Turonien

Gouvernement

Voir Organismes d'État.

Grades et fonctions militaires

Les grades et fonctions militaires prennent la minuscule :

amiral
maréchal
commandant en chef
généralissime

Si le trait d'union existe dans une douzaine d'entre eux :

adjudant-chef
brigadier-chef
caporal-chef
contre-amiral
lieutenant-colonel
maréchal des logis-chef
maréchal des logis-major
quartier-maître
sergent-chef
sergent-major
sous-lieutenant
vice-amiral

les autres n'en comportent pas, notamment :

commissaire général
ingénieur général
maître principal
maréchal des logis
médecin général
officier marinier
premier maître
second maître

Grec

Α	α		alpha	Ν	ν		nu
Β	β	ϐ [1, 3]	bêta	Ξ	ξ		ksi
Γ	γ		gamma	Ο	ο		omicron
Δ	δ		delta	Π	π	ϖ [1, 3]	pi
Ε	ε		epsilon	Ρ	ρ		rhô
Ζ	ζ	ʒ [3]	dzêta	Σ	σ	ς [2]	sigma
Η	η		êta	Τ	τ	↑ [3]	tau
Θ	θ	ϑ [1, 3]	thêta	Υ	υ		upsilon
Ι	ι		iota	Φ	φ		phi
Κ	κ		kappa	Χ	χ		khi
Λ	λ		lambda	Ψ	ψ		psi
Μ	μ		mu	Ω	ω		oméga

1. S'emploie seulement au commencement d'un mot.
2. S'emploie seulement à la fin d'un mot.
3. Ne s'emploie plus dans la composition du grec moderne.

Le grec ancien comporte à la fois des esprits (esprit rude ‘, esprit doux ’) et des accents (aigu ´, grave `) ainsi que le circonflexe ˜ (voyelles longues) et le iota souscrit.

Le grec moderne simplifie l'accentuation; les esprits ont pratiquement disparu et il ne subsiste que l'accent aigu.

Groupements artistiques, littéraires, philosophiques, politiques

Voir Doctrines.

Guerres, batailles, expéditions, etc.

Ces noms s'écrivent généralement en lettres minuscules, qu'ils soient précisés par :

1. Un substantif :

la bataille d'Angleterre
l'expédition des Dardanelles
la guerre de Cent Ans
la guerre des Deux-Roses
les guerres de Religion
la guerre des Six Jours
la guerre de (la) Succession d'Espagne

2. Un ou plusieurs adjectifs :

la deuxième guerre punique
la huitième croisade
la première guerre mondiale
la seconde guerre médique
la seconde guerre mondiale

3. Une date :

la guerre de 1914-1918
la guerre russo-japonaise de 1904-1905

Mais ces noms prendront une majuscule, ainsi que l'adjectif qui peut les précéder, lorsqu'ils constituent de véritables noms propres :

la Grande Guerre
la Guerre folle
la Longue Marche

Le mot *guerre* se compose naturellement avec une initiale bas de casse dans des expressions courantes comme :

avant guerre, après guerre *mais* l'avant-guerre et l'après-guerre
le conseil de guerre
la croix de guerre
la drôle de guerre
la guerre éclair
la guerre froide
la guerre révolutionnaire
la guerre sainte

Guillemets

Voir Bibliographie, Citations, Dialogue *et* Ponctuation.

Haute Assemblée, Haute Cour

Voir Organismes d'État (uniques).

Haute Autorité

Voir Organismes internationaux.

Heure

Lorsqu'il s'agit d'indiquer un moment précis de la journée, on composera en chiffres les nombres s'appliquant aux heures, minutes, secondes :

le train de 8 h 47
la séance de 15 heures

On composera ces nombres en lettres lorsque les mesures auxquelles ils se rapportent sont accompagnées des mots : *quart, demi, trois quarts, midi, minuit* :

Je vous attendrai entre onze heures et midi.
Nous partirons à neuf heures et quart.
Il était minuit dix quand il sortit de la gare.
Midi dix, midi et quart, minuit trente sept, minuit et demi.

NOTA. – Le mot *heure* est composé au long si le mot *minute* l'est aussi :

Nous nous quittâmes à 16 heures 25 minutes.

Il est abrégé (h sans point) si le mot minute est lui-même abrégé ou supprimé :

Rendez-vous fut pris pour 16 h 45.

Voir aussi Durée.

Hors-texte

Cette expression ne s'écrit avec un trait d'union que lorsqu'elle est employée substantivement.

On désigne sous le nom de hors-texte toute illustration, carte, tableau, planche, imprimé à part, compris ou non dans la pagination de l'ouvrage.

Les planches hors texte sont le plus souvent numérotées en chiffres romains.

Le papier utilisé est souvent différent de celui de l'ouvrage, la qualité du rendu étant fonction de celle du support.

Un onglet permet l'assemblage du hors-texte isolé avec les cahiers de l'ouvrage.

Illustration

Voir Figure *et* Hors-texte.

Incises à l'intérieur des citations

Voir Citations.

Index

Table alphabétique de noms propres contenus dans un ouvrage. Généralement dressé par l'auteur. La technique consiste à souligner tous les noms propres contenus dans l'ouvrage, qu'ils paraissent une ou plusieurs fois, lorsque la mise en pages est définitive. Chaque nom propre donne ensuite lieu à l'établissement d'une fiche sur laquelle sont reportés les folios des pages qui le mentionnent. Ces fiches, classées par ordre alphabétique, constituent alors la copie de l'Index.

En composition programmée, cet index est constitué par traitement informatique, les mots concernés étant bornés dans le texte pour extraction et classement.

Les index peuvent être effectués selon un classement thématique : Index des noms de personnes, Index des noms de lieux, Index des matières ou thématique, etc., ou encore, comme dans le présent ouvrage, Index par entrées.

Indices

Voir Chimie *et* Mathématiques.

Inspection

Voir Organismes d'État (uniques).

Institut

Voir Académie, Enseignement, Organismes d'État *et* Sociétés.

Intérêt

Voir Taux.

Introduction

Texte placé au début d'un ouvrage, l'introduction est destinée à présenter celui-ci au lecteur. Rédigée – à la différence de la préface – par l'auteur lui-même, elle se compose habituellement dans le même caractère que l'ouvrage.

Voir aussi Parties d'un ouvrage.

ISBN, ISSN

L'ISBN et l'ISSN sont des numérotations normalisées destinées à l'identification des publications.

L'ISBN (International Standard Book Number), réservé aux livres, est un numéro de 10 chiffres précédés du sigle ISBN (sans points) et répartis en 4 segments séparés par un tiret. Chaque segment joue un rôle d'identification particulier et comporte un nombre variable de chiffres :

– le premier segment sert à l'identification du groupe national, géographique ou linguistique où le livre a été publié (« 2 » pour la France), quelle qu'en soit la langue ;

– le deuxième segment sert à l'identification de l'éditeur (« 11 » pour les publications d'État) ;

– le troisième segment identifie le livre dans la production de l'éditeur ;

– le quatrième segment est un chiffre de contrôle informatique. Il varie de 1 à 10, 10 étant figuré par le X romain.

ISBN 2-11-080948-5 (relié toile) – ISBN 2-11-080974-4 (broché)

Composé en corps 9 au minimum, l'ISBN doit toujours apparaître au verso de la page de titre, au bas de la dernière page de la couverture et de la jaquette.

L'ISSN (International Standard Serial Number), réservé aux publications en série (périodiques, collections), est un numéro de 8 chiffres précédés du sigle ISSN et répartis en 2 groupes de 4 chiffres séparés par un tiret.

Le dernier chiffre est une clé de contrôle informatique. Il varie de 1 à 10, 10 étant figuré par le X romain.

ISSN 0993-8109

L'ISSN devrait apparaître sur la première page de la couverture.

Italien

Voir Lettres accentuées.

Italique

Le caractère italique est utilisé principalement pour attirer l'attention du lecteur sur un mot, une phrase ou un passage que l'auteur tient à souligner.

Il est donc évident que tout abus dans l'usage de l'italique en diminue l'efficacité.

La préface, l'avis de l'éditeur et, d'une manière générale, les parties d'un ouvrage qui ne sont pas de la main de l'auteur seront préférablement composés en italique.

Il est d'usage d'employer l'italique lorsqu'on cite le titre d'un journal, d'une revue, d'une œuvre littéraire ou artistique, le nom propre d'un navire, d'un véhicule terrestre ou aérien (à l'exclusion du type ou de la marque).

On compose également en italique les dédicaces placées en tête d'un ouvrage ou d'un chapitre, les fonctions et qualités du signataire d'un document, l'indication – entre parenthèses – des mouvements divers dans les comptes rendus des débats d'une assemblée, les jeux de scène dans les œuvres théâtrales, les citations ou mots en langue étrangère – non francisés – dans un texte français, y compris la plupart des locutions latines.

L'italique sera aussi utilisé, dans les travaux scientifiques, pour les lettres représentant des valeurs variables.

Les notes de musique se composent en italique.

On utilisera également l'italique pour la composition des sous-titres.

En préparation de copie, souligner ce qui doit être composé en italique.

Se méfier de l'italique électronique, qui incline les caractères romains et peut nécessiter un espacement supplémentaire correctif, particulièrement lorsqu'une lettre haute est suivie de supérieures ou d'apostrophe.

Jardins, parcs, squares (noms de)

Ces noms communs d'espèce restent en bas de casse lorsqu'ils sont précisés par un nom propre ou un équivalent :

le bois de Boulogne
le jardin des Poètes
le parc de Saint-Cloud
le square des Innocents

Ils prennent une capitale initiale quand, en l'absence de nom propre, ils évoquent néanmoins un lieu déterminé :

le Bois (le bois de Boulogne)
le Jardin d'acclimatation
le Jardin des plantes
le Jardin zoologique

Jeux scéniques

Voir Dialogue.

Journaux (noms de)

Voir Titres d'œuvres et de journaux.

Justification de tirage

Mention figurant soit en début soit en fin d'un ouvrage de luxe ou d'une édition originale, mentionnant le nombre d'exemplaires tirés suivant les différentes sortes de papiers employés, ainsi que la présentation de l'ouvrage (en feuilles sous double emboîtage, relié sous étui, relié...) et le détail des illustrations et des suites (tirages supplémentaires des illustrations joints aux exemplaires de tête).

Latitude

Voir Degrés *et* Points cardinaux.

Légende

Voir Figure.

Lettres accentuées et diphtongues

dans les langues en caractères latins

albanais	**â ë ç**
allemand	**ä ö ü ß**
basque	**á é í ó ú i̇ ṙ**
catalan	**á à é è í ì ó ò ú ù ç l·l**
danois	**å ö ø æ**
écossais	**à é è ì ó ò ù**
espagnol	**á é í ó ú ü ñ**
espéranto	**ĉ ĝ ĥ ĵ ŝ ŭ**
estonien (este, eesti)	**ä ö ō ü č š ž**
finlandais (finnois)	**å ä ö**
flamand	**ë ó ij**
français	**à â é è ê ë î ï ô ù û ü ç æ œ**
hongrois	**á é í ó ö ő ú ü ű**
islandais	**á ð é í ó ö ú ý þ æ**
italien	**à è ì î ò ù**
letton	**ā ē ī ō ū č ģ ļ š ž**
lituanien	**ą ę ė į ų ū č š ž**
néerlandais (hollandais)	**é è ê ë ó ò ô ij**
norvégien	**å ø** (ou **ö**) **æ**
polonais	**ą ę ó ć ł ń ś ź ż**
portugais	**á à â ã é è ê ẽ í ì ó ò ô õ ú û ç**
roumain	**à ă â è ì î ù ş ţ**
serbo-croate	**č ć đ š ž**
slovaque	**á ä é í ó ô ú ů ý č ď ĺ ľ ň ŕ ř š ť ž**
suédois	**å ä é ö**
tchèque	**á é ě í ó ú ů ý č ď ň ř š ť ž**
turc	**â ı î ö ü û ç ğ ş**

L'accentuation fait partie de l'orthographe et l'on devra en PAO, comme pour les autres procédés de composition, s'imposer l'utilisation de codes du type ASCII (American Standard Code for Information Interchange) ou EBCDIC (Extended Binary Coded Decimal Interchange Code) pour « atteindre » à cette accentuation.

Lettres citées (textes épistolaires)

Reproduits *in extenso*, les textes épistolaires seront composés le plus souvent en italique, parfois en romain d'un corps inférieur, et séparés du texte par des blancs.

Si l'on n'en cite que des extraits, ceux-ci seront composés, comme les citations ordinaires, entre guillemets dans le corps du texte.

On reproduit habituellement en petites capitales le libellé des messages télégraphiques, qui sont rédigés et transmis sous cette forme.

Lettrine

On appelle lettrine une lettre capitale de corps supérieur à celui du texte, et quelquefois ornée, par laquelle, dans les ouvrages soignés, on fait débuter au bord de la justification le texte d'un chapitre.

La lettrine porte généralement sur deux lignes, quelquefois plus si la justification est grande. La deuxième ligne (et éventuellement la [les] suivante[s] si la lettrine porte sur plus de deux lignes) a un renfoncement plus important. Elle ne doit jamais être découverte : une ligne au moins doit doubler sous la lettrine.

On compose généralement en petites capitales le mot qui débute par la lettrine :

> APRÈS ces massacres, l'économie du pays fut paralysée. Les gens refusaient de payer les impôts, les commerçants fermaient leurs portes, tandis qu'une vive effervescence se manifestait partout.

Si ce mot ne comporte qu'une ou deux lettres, on composera en petites capitales le ou les mots suivants, selon le sens :

> LE NOUVEL AN arriva. Pour témoigner leur reconnaissance à la population, les notables de la ville offrirent un banquet. De longues tables décorées de bougies furent installées dans une immense grange.

De même, si le premier mot fait partie d'une expression, comme dans l'exemple précédent, ou si la symétrie le nécessite, comme dans l'exemple suivant, l'expression ou le groupe seront composés en petites capitales :

> DEUX OU TROIS des plus décidés s'avancèrent vivement du côté d'où semblait venir le bruit. Leur marche d'abord précipitée se ralentit peu à peu et ce fut avec hésitation qu'ils parvinrent à la lisière du bois.

Il en sera de même pour un groupe de mots constituant un nom propre. *Madame* et *Mademoiselle* ne seront pas abrégés, tandis qu'on pourra composer M.

> MADAME DE LA FAYETTE recevait en son salon de la rue de Vaugirard les meilleurs écrivains de son temps. Des liens familiaux l'attachaient déjà à Mme de Sévigné, son aînée de quelques années.

Si le chapitre commence par une citation, on placera avant la lettrine un guillemet ouvrant du corps du texte et non du corps de la lettrine :

> « VINGT JOURS avant moi, le 15 août 1768 (*sic*), écrivait Chateaubriand, naissait dans une autre île, à l'autre extrémité de la France, l'homme qui a mis fin à l'ancienne société, Bonaparte. »

Si la lettrine est un article ou un démonstratif élidé, l'apostrophe se mettra dans le corps du texte et non dans celui de la lettrine.

> C'ÉTAIT le jour de mon arrivée ici. J'avais pris la diligence de Beaucaire, une bonne vieille patache qui n'a pas grand chemin à faire avant d'être rendue chez elle, mais qui flâne tout le long de la route, pour avoir l'air, le soir, d'arriver de très loin.

On rencontre de plus en plus la forme suivante :

> ÉVARISTE GAMELIN, peintre, élève de David, membre de la section du Pont-Neuf, précédemment section Henri-IV, s'était rendu de bon matin à l'ancienne église des Barnabites, qui depuis trois ans, depuis le 21 mai 1790, servait de siège à l'assemblée générale de la section.

Livre

Partie principale d'un ouvrage, au même titre que *fascicule*, *tome* et *volume*. Le numéro qui l'accompagne se compose en chiffres romains grandes capitales :

> Le sujet sera traité aux livres IV et V.

Locutions latines

Les locutions latines non francisées se composent en italique dans un texte en romain :

ad hoc	*idem*	*passim*
ad libitum	*in extenso*	*quater*
a fortiori	*in extremis*	*sic*
a posteriori	*in fine*	*statu quo*
a priori	*infra*	*supra*
bis	*loc. cit.*	*ter*
grosso modo	*modus vivendi*	*via*
ibidem	*op. cit.*	*vice versa*

Mais on notera que les abréviations « cf. » et « etc. » se composent en romain et l'on rencontrera parfois francisées et composées en romain, mais avec l'orthographe suivante, les expressions : à fortiori, à posteriori, à priori.

De plus en plus nombreuses sont les expressions latines passées dans le langage courant et qui se composent en romain :

critérium	in-quarto	quatuor
desiderata	intérim	référendum
duo	maximum	requiem
duplicata	mémento	solo
erratum (errata)	mémorandum	tollé
exeat	minimum	triplicata
exequatur	minus habens	ultimatum
impedimenta	muséum	vade-mecum
in-folio	pensum	veto
in-octavo	post-scriptum	visa

Loi

Voir Textes politiques.

Longitude

Voir Degrés *et* Points cardinaux.

Lycée

Voir Enseignement.

Mairie

Voir Organismes d'État (multiples).

Manifestations artistiques, commerciales, sportives

Les noms des grandes manifestations, périodiques ou non, d'ordre artistique, commercial, sportif, etc., se composent généralement avec une capitale initiale au premier substantif (et à l'adjectif qui éventuellement le précède) :

la Biennale
le Carnaval de Rio
le Xe Festival d'Avignon
les Jeux floraux
la Rose d'or
le Concours Lépine

l'Exposition de 1937
la XVe Foire de Marseille
le Salon d'automne
le Salon des arts ménagers (les Arts ménagers)
le Salon de l'automobile
le Xe Salon du livre
la Coupe Davis
le Grand Prix de Paris
les XVIes Jeux olympiques d'hiver
les Six Jours, le Tour
le Tournoi des Cinq Nations
les Vingt-quatre Heures

NOTA. – Les numéros d'ordre des manifestations périodiques se composent en chiffres romains grandes capitales.

Marche typographique

Voir Préparation de copie.

Marques de fabrique, modèles, types (noms de)

Un grand nombre de produits d'usage courant tirent leur nom d'une *marque de fabrique*, choisie par l'inventeur ou le fabricant et légalement déposée. Ce nom, qui reste invariable, sera composé en romain avec une capitale initiale :

deux Byrrh	cinq Frigidaire
des fermetures Éclair	trois Renault 25

La même règle s'applique aux *types et séries de fabrication* :

quatre Alouette	des Mirage III E
une Espace	six Vaurien

NOTA. – En ce qui concerne les véhicules aériens, maritimes ou terrestres, il ne faut pas confondre les noms de marque ou de type, qui s'appliquent à des *séries* d'engins analogues, avec les noms propres à *un seul* véhicule qui se composent en italique.

D'autres noms propres d'origine désignant des produits, des spécialités, des mesures même, sont si répandus qu'ils sont devenus de *véritables noms communs* : on les compose naturellement en romain, en bas de casse et éventuellement avec la marque du pluriel.

cinq camemberts	du nylon
trois diesels	six poubelles
quatre jeeps	60 watts
du bordeaux	un côtes-du-rhône

Ces noms communs retrouvent leur valeur de nom propre lorsqu'ils sont précédés du nom d'espèce :

un fusil Lebel	un moteur Diesel
du vin de Bordeaux	

Voir aussi Réalisations techniques, créations commerciales.

Mathématiques et de la physique (composition des)

PRINCIPES D'ÉCRITURE

Dans les travaux touchant aux sciences mathématiques on emploie souvent des lettres pour représenter des valeurs numériques, localiser des points de l'espace, abréger des termes employés fréquemment. Pour cela on fait appel à l'alphabet latin (sous toutes ses formes : romain, italique, ronde, anglaise, gothique, gras ou maigre, capitale ou bas de casse) et à l'alphabet grec. Le aleph (ℵ), première lettre de l'alphabet hébraïque, est utilisé dans la théorie des ensembles.

En général, la notation est conventionnelle ou mnémotechnique. Mais les auteurs peuvent choisir une notation personnelle. En ce cas, ils définissent leurs symboles au début du sujet ou au fil du texte.

Alphabet latin.

Les lettres majuscules sont toujours composées en romain. Par contre, les lettres minuscules, qui représentent le plus souvent des variables ou inconnues (x, y, z), fonctions (f), constantes littérales (a, b, c...), paramètres entiers (i, j, k, l, m, n, notamment en informatique), sont généralement composées en italique.

Il en est de même, en physique, pour les symboles de grandeurs notés par des lettres minuscules.

Mais elles seront composées en romain sans point final lorsqu'elles constituent des abréviations ou des opérateurs (sin, cos, lim, exp, ln, ...) :

$$\sin(a + b) = \sin a \cos b + \sin b \cos a.$$

Quelques constantes usuelles sont représentées par des lettres particulières composées de préférence en romain :

e (base des logarithmes népériens)
i (base des nombres complexes)

et notamment, en physique, les constantes fondamentales (ici, avec leur valeur approchée) :

Nombre d'Avogadro : N ou N_A ou $\mathcal{N} = 6{,}02 \cdot 10^{23}$ mol^{-1}
Charge élémentaire de l'électron : $e = 1{,}60 \cdot 10^{-19}$ C
Célérité de la lumière dans le vide : $c = 3 \cdot 10^{8}$ m · s^{-1}
Gravitation : $G = 6{,}67 \cdot 10^{-11}$ N · m^{2} · kg^{-2}
Constante de Boltzmann : $k = 1{,}38 \cdot 10^{-23}$ J · K^{-1}
Constante de Stefan-Boltzmann : $\sigma = 5{,}67 \cdot 10^{-8}$ W · m^{-2} · K^{-4}
Constante de Planck : $h = 6{,}63 \cdot 10^{-34}$ J · s

Constante de Planck réduite : $\hbar = \dfrac{h}{2\pi} = 1{,}05 \cdot 10^{-34}$ J · s

Constante des gaz parfaits : $R = 8{,}31$ J · K^{-1} · mol^{-1}
Permittivité du vide : $\varepsilon_0 = 8{,}854 \cdot 10^{-12}$ F · m^{-1}
Constante de Faraday : $\mathcal{F} = 9{,}65 \cdot 10^{5}$ C

Des lettres capitales ajourées ou grasses sont employées pour désigner les ensembles de nombres fondamentaux :

$\mathbb{C}$	ou	**C**	ensemble des nombres complexes
$\mathbb{D}$	ou	**D**	ensemble des nombres décimaux
$\mathbb{N}$	ou	**N**	ensemble des nombres entiers naturels
$\mathbb{Q}$	ou	**Q**	ensemble des nombres rationnels
$\mathbb{R}$	ou	**R**	ensemble des nombres réels
$\mathbb{Z}$	ou	**Z**	ensemble des nombres entiers relatifs

Les caractères d'anglaise et de ronde sont utilisés pour éviter les notations semblables dans un même texte.

Par exemple : P représentera la pression, $\mathscr{P}$ la probabilité
C représentera un point, $\mathscr{C}$ une courbe, etc.

Alphabet grec.

Seules les lettres capitales qui ne présentent pas de ressemblance avec les capitales latines sont utilisées : Γ, Δ, Θ, Λ, Π, Σ, Φ, Ψ, Ω.

De même, seules les minuscules qui diffèrent du latin sont employées : α, β, γ, δ, ε, ζ, η, θ, λ, μ, ν, ξ, π, ρ, σ, τ, φ ou ϕ, χ, ψ, ω et plus rarement le kappa (κ), et le pi dorique (ϖ).

Attention au risque de confusion – notamment sur manuscrit – entre :

ε (epsilon) et ∈ (signe d'appartenance) ; ζ (dzêta) et ξ (ksi) ;
χ (khi), ϰ (kappa) et X ou x ; n et η (êta) ; u, v et ν (nu)[1] ;
π (pi bas de casse : constante) et Π (pi capitale : produit) ;
ρ (rhô) et p ou P ; θ bas de casse (angle ou température) et Θ capitale ;
ϕ et Φ ; ψ et Ψ ; δ (delta) et ∂ (d de ronde = dérivée partielle).

1. En physique, *u* et *v* représentent souvent la vitesse ou la valeur instantanée de la tension, tandis que ν (nu) est symbole de la fréquence, de la viscosité cinétique ou le coefficient de Poisson.

EXPOSANTS ET INDICES

1. *Exposants.*

En algèbre et en physique ils sont soit littéraux soit numériques et placés en haut et à droite de la lettre ou du chiffre qu'ils affectent :

$$x^2, \quad x', \quad x^n, \quad \mathrm{A}^{n-1}.$$

Les exposants peuvent être, eux-mêmes, munis d'un exposant ou d'un indice :

$$a^{x^2}, \quad e^{-\frac{x^2}{2}}, \quad e^{\beta_0}\,\alpha_1^{\beta_1} \dots \alpha_n^{\beta_n}.$$

Littéraux, ils sont toujours italiques, sauf pour les grandes et les petites capitales.

2. *Indices.*

En algèbre et en physique ils sont placés en bas et à droite de la lettre ou du chiffre qu'ils affectent :

$$t_1, \quad x_0, \quad \mathrm{C}_{n-1}, \quad \mathrm{P_A}$$

$$(x_i)_{i=1,2,3,\dots}, \quad (x_{ij})_{\substack{i \in \{1,2,\dots,n\} \\ j \in \{1,2,\dots,p\}}}.$$

Les indices peuvent être munis, eux-mêmes, d'un exposant ou d'un indice :

$$\alpha_{i_1 i_2 \dots i_n}, \quad \mathrm{S}_{\Delta_1} = \mathrm{S}_{\Delta'}.$$

Ils sont numériques ou littéraux. Dans ce dernier cas, ils sont italiques, sauf lorsqu'ils représentent des abréviations, ou des repères destinés à différencier des grandeurs du même ordre, notamment en physique :

$\mathrm{V_a} = \mathrm{V_r} + \mathrm{V_e}$ (a = absolue, r = relative, e = estimée).

m_e (masse de l'électron) q_e (charge de l'électron)

$\mathrm{E_c}$ (énergie cynétique) $\mathrm{E_p}$ (énergie potentielle)

$\mathrm{I_{max}}$ (intensité maximale) $\mathrm{P_{diss}}$ (puissance dissipée)

Lorsque la lettre en indice est l'abréviation d'un nom propre ou représente un point sur un schéma ou une figure, elle reste en capitale :

μ_B (magnéton de Bohr) ω_D (pulsation de Debye)

$\mathrm{V_{E_1}} - \mathrm{V_{E_2}}$ (différence de potentiel entre les bornes d'entrée $\mathrm{E_1}$ et $\mathrm{E_2}$)

COMPOSITION DE L'ALGÈBRE

Les copies manuscrites étant souvent peu lisibles, il est bon de savoir que le second terme d'une égalité est un 0 (chiffre) et non un O (lettre), de même qu'on rencontre plutôt le chiffre que la lettre en indice [1] :

$$x^2 + y^2 - 4xy = 0 , \qquad | x - x_0 | < \eta .$$

Dans l'expression des racines, l'indice se place entre les deux branches du radical :

$$\sqrt[10]{a^{15}} = \sqrt[2\times5]{a^{3 \times 5}} = \sqrt[2]{\sqrt[5]{(a^3)^5}} .$$

Quand un terme est affecté à la fois d'un indice et d'un exposant, cet indice et cet exposant doivent être alignés l'un sous l'autre :

$$a_5^7, \qquad b_x^2 .$$

Dans une expression algébrique les produits de facteurs seront composés collés entre eux : chiffres, lettres, indices et exposants. On espacera de 1 mm environ de part et d'autre des signes d'opération :

$$ax^2 + bx + c = 0$$
$$a + b = a \Longleftrightarrow b = 0 .$$

D'une manière générale, on appliquera, dans les textes utilisant le langage mathématique, les règles d'usage concernant la ponctuation dans un texte français, même lorsqu'ils comportent des formules centrées. Sauf si la ponctuation fait elle-même partie de la formule ou du groupe de lettres et de chiffres en indice, il faut veiller à espacer le signe de ponctuation appartenant au texte de la barre de fraction horizontale de la notation affectée d'un indice (cf. exemples *supra* et *infra*).

La ponctuation qui suit les formules est toujours en romain.

Les parenthèses, les crochets et les accolades ne renfermant que des termes simples doivent être du même corps que ceux-ci :

$$x = p + 1 - [n - (2p + 1)(2p + 2)],$$

1. Le chiffre 0 est également utilisé entre les crochets définissant des intervalles, ainsi que pour noter le vecteur nul : $]0, +\infty]$, $\vec{0}$. Mais il faut noter par la lettre O le centre du cercle, l'origine des repères cartésiens, le point de rencontre de deux axes : $(O ; \vec{i}, \vec{j})$, xOy.

mais, dans le cas contraire, ils doivent, de même que les intégrales, être de la hauteur des divers éléments qu'ils réunissent :

$$y = a\left[\left(x + \frac{b}{2a}\right)^2 - \frac{b^2 - 4ac}{4a^2}\right] = a\left[\left(x + \frac{b}{2a}\right)^2 - \left(\frac{\sqrt{b^2 - 4ac}}{2a}\right)^2\right],$$

$$E = \frac{\mu}{4\,\pi^2\varepsilon_0}\iint_{\text{cylindre}} \frac{(r - a\cos\theta)\,d\theta\,dZ}{(a^2 + r^2 - 2\,ar\cos\theta + Z^2)^{3/2}},$$

$$\int_{-\infty}^{+\infty} \frac{dZ}{(a^2 + r^2 - 2\,ar\cos\theta + Z^2)^{3/2}},$$

$$\beta_{AB} = -\frac{\mu_0 I}{4\,\pi\,(a - x)}\int_{\alpha_1}^{\alpha_2} \sin\alpha\,d\alpha.$$

Il doit y avoir autant de parenthèses, crochets ou accolades fermés que de parenthèses, crochets ou accolades ouverts :

$$\lim_{N \to \infty}\left\{\sup_{N \leqslant m \leqslant n}\left|V(N(m, n)) - \ln\frac{n}{m}\right|\right\} = 0.$$

Le filet d'une racine doit être de la longueur exacte du terme ou des termes qu'il recouvre et ne jamais porter sur la ponctuation qui le suit :

$$f = \frac{1}{2\pi\sqrt{LC}}, \quad r = -\frac{R}{2L} \pm j\sqrt{\frac{1}{LC} - \frac{R^2}{4L^2}}.$$

Les exposants et les indices des signes Σ (*somme*) et Π (*produit*) seront centrés au-dessus et au-dessous de ces signes :

$$L = \sum_{j=1}^{n} x_j.$$

Pour faciliter la lecture, les formules mathématiques seront le plus souvent sorties du texte et centrées dans la justification.

Lorsqu'une formule est longue et doit s'inscrire sur deux lignes, il faut éviter de faire une coupure dans l'intérieur des parenthèses et des crochets ; les lignes doublantes doivent toujours commencer par un signe opératoire ou relationnel.

En ce cas, on composera la première ligne appuyée à gauche, la seconde appuyée à droite :

$$\Phi = \Phi_0 + \lambda \frac{(C_1 - C_2)}{2} [(\dot{p}_1 - p_2\,\omega)^2 - (\dot{p}_2 + p_1\,\omega)^2] \cos 2\,\omega t$$

$$- \lambda\,(C_1 - C_2)\,(\dot{p}_1 - p_2\,\omega)\,(\dot{p}_2 + p_1\,\omega) \sin 2\,\omega t.$$

Il peut être utile de rappeler que les lettres minuscules peuvent représenter aussi des unités de mesure et que dans ce cas elles doivent rester en romain. On peut rencontrer dans le même texte :

15 g (grammes) et *g* (accélération de la pesanteur)
25 t (tonnes) et *t* (température)
l (litre ; ex : 10 mol . l^{-1}) et *l* (longueur) [1]
m (mètre) et *m* (masse)

NOTATIONS PRINCIPALES

Les notations mathématiques sont nombreuses et parfois complexes. Même en se bornant à celles employées assez couramment, on obtient une liste longue et délicate à utiliser. Aussi, on distinguera d'abord celles qui affectent des caractères (classés en fonction de leur position), ensuite celles qui marquent une opération ou une relation.

Placées devant :

Am	amplitude
arg ou Arg	argument
card	cardinal
cov	covariance
det	déterminant
dim	dimension (codim = codimension)
div	divergence
exp	exponentielle
grad	gradient
Im	image, partie imaginaire
Ker	noyau (Coker = conoyau)
lim	limite [ex. : $\lim_{x \to a} f(x)$]
ln ou Log	logarithme népérien

1. Dans certains types de caractères, il n'est pas aisé de distinguer, surtout en exposant et en indice, la lettre l du chiffre 1. Pour éviter la confusion, il est conseillé de choisir un caractère où ces deux signes sont bien distincts (notamment un chiffre avec un « fouet » prononcé : 1) ou d'utiliser la lettre de ronde ℓ.

lg ou log	logarithme décimal
mod	modulo
Re	partie réelle
rot	rotationnel
sgn	signum
spec	spectre
tr	trace
sin	sinus
cos	cosinus
tg ou tan	tangente
cotg ou cot	cotangente
arc sin ou arcsin	arc sinus (arc cos, etc.)
sh ou sinh	sinus hyperbolique (ch ou cosh, etc.)
sec	sécante
cosec	cosécante
$\complement$	complémentaire (ex. : $\complement_A B$)
∂	dérivée partielle (d est la différentielle)
^{t} ou ^{T}	transposée (ex. : ^tM)
$\sqrt{\ }$	racine ou radical
$\int$, $\iint$	intégrale (ex. : $\int_{-\infty}^{+\infty} f(x)\,\mathrm{d}x$)
$\oint$, $\oiint$	(ex. : $\oint_C \vec{A}\cdot\overrightarrow{\mathrm{d}l}$; $\oiint_S \vec{a}\cdot\overrightarrow{\mathrm{dS}}$)
$\sum$	somme répétée un grand nombre de fois (ex. : $\sum_{i=1}^{n} x_i$)
$\prod$	produit répété un grand nombre de fois (ex. : $\prod_{i=1}^{n} x_i$)
$\forall$	quantificateur universel (ex. : $\forall x$, P s'énonce : pour tout élément x, P est vérifié)
$\exists$	quantificateur existentiel (ex. : $\exists x \in$ A s'énonce : pour au moins un élément x...)
$\triangle$	laplacien (ex. : $\triangle f$)
$\square$	dalembertien (ex. : $\square_n f$)
∇	nabla ou atled ou del (ex. : $\nabla^2 f$)
$\diamond$	quad

Placées derrière :

$'$ $''$ $'''$	prime, seconde, tierce (ex. : a''')
$^\circ$ $'$ $''$	degré, minute, seconde (angle)
!	factorielle (ex. : $n!$, $2!$)
$^\perp$	orthogonal (ex. : $F^\perp$)
*	avec les ensembles de nombres fondamentaux note l'absence du zéro (ex. : $\mathbb{R}^*$; φ^* ; M*)

Placées au-dessus :

	conjugué (ex. : $\bar{z}$)
—	segment (ex. : $\overline{\mathrm{AB}}$)
⌒	arc (ex. : $\overset{\frown}{\mathrm{AB}}$)
→	vecteur (ex. : $\overrightarrow{\mathrm{AB}}$)
⌒	curviligne (ex. : $\int_{\overset{\frown}{\Gamma}}$)
∧	transformée (ex. : $\hat{f}$)
⌃	angle (ex. : $\widehat{\mathrm{ABC}}$)
· ·· ···	dérivée première, seconde, etc. (ex. : $\dot{y}$, $\ddot{y}$, $\dddot{y}$)
~	tilde [ex. : $\tilde{f}(\bar{x}) = f(x)$]

Placées autour :

| |	valeur absolue (ex. : $\lvert a \rvert$)
‖ ‖	norme (ex. : $\lVert \mathrm{A} \rVert$)
< >	valeur moyenne
{ }	servent à définir des ensembles (ex. : $\{ x_1, x_2, \ldots, x_n \}$)
[ ] ou ⟦ ⟧	intervalles (ex. : $]a, b[$, $[a, b[$, $]a, b]$. Bien tenir compte du sens des crochets)

Symboles d'opération et de relation :

$=$	égal à
$\neq$	différent de
$\sim$	équivalent à ; isomorphe
$\approx$	approximativement égal à
$\simeq$	approximativement égal à (physique) ; isomorphe
⋉	semblable à
$\triangleq$	correspond à (ex. : 1 cm $\triangleq$ 10 km, soit 1 cm sur la carte correspond à une distance de 10 km)
$<$	strictement inférieur à
$>$	strictement supérieur à
$\leqslant$	inférieur ou égal à
$\geqslant$	supérieur ou égal à
$\ll$	très inférieur à
$\gg$	très supérieur à
$\equiv$	congru à
//	parallèle à

$\rightarrow$	tend vers
$\uparrow$; $\downarrow$	tend vers la limite supérieure, vers la limite inférieure
$\nearrow$; $\searrow$	croît ; décroît
$+$; $-$; $\pm$	plus ; moins ; plus ou moins
$\times$ ou $\cdot$	multiplié par (le signe $\times$ s'emploie entre les chiffres, le point s'emploie entre les lettres : 4×20 ; $a \cdot b$ ou simplement *ab*
$-$ / : $\div$	divisé par (ex. : $\frac{a}{b}$; a/b ; $a : b$; $a \div b$)
$\in$	appartient à ; est élément de
$\notin$	n'appartient pas à
$\subset$ $\subseteq$	est inclus dans
$\supset$	contient
$\not\subset$ $\not\subset$ $\not\subseteq$	n'est pas inclus dans
$\not\supset$	ne contient pas
$\cup$ $\cup$ $\bigcup$	réunion ; union (ex. : $A \cup B$; $\bigcup_{i \in I} A_i$)
$\cap$ $\cap$ $\bigcap$	intersection, inter (ex. : $A \cap B$; $\bigcap_{i \in I} A_i$)
$\setminus$ $-$	différence d'ensembles (ex. : $A \setminus B$)
$\wedge$	conjonction (ex. : $P \wedge Q$ s'énonce : P et Q) ou produit vectoriel
$\vee$	disjonction (ex. : $P \vee Q$ s'énonce : P ou Q ou les deux)
Δ	disjonction exclusive (ex. : $P \Delta Q$ s'énonce : soit P ou Q mais pas les deux)
$\neg$	négation (ex. : $\neg p$ s'énonce : négation de *p*, non *p*)
$\Rightarrow$	implique, a pour conséquence
$\Leftrightarrow$	équivaut à
$\varnothing$	ensemble vide
$\emptyset$	diamètre
$\oplus$	somme directe
$\otimes$	produit tensoriel
$\mapsto$	fonction (flèche à talon ou à béquillon) [ex. : $f' : x \mapsto f'(x)$]
$\circ$	fonction (ex. : $g \circ f$ s'énonce : g rond f)
$*$	produit de convolution (ex. : $f * g$ s'énonce : f convolu g)
$\mathscr{R}$	relation (ex. : $A \mathscr{R} B$)
∞	infini
...	remplace l'abréviation « etc. » qui n'est pas employée en mathématiques (ex. : $x_1, x_2, ..., x_n$)

Cas particulier des matrices :

$$A = \begin{pmatrix} a_{11} & a_{12} & \cdots & a_{1n} \\ a_{21} & a_{22} & \cdots & a_{2n} \\ \cdot & \cdot & \cdots & \cdot \\ \cdot & \cdot & \cdots & \cdot \\ \cdot & \cdot & \cdots & \cdot \\ a_{m1} & a_{m2} & \cdots & a_{mn} \end{pmatrix} \qquad \text{set } A = \begin{vmatrix} a_{11} & a_{12} & \cdots & a_{1n} \\ a_{21} & a_{22} & \cdots & a_{2n} \\ \cdot & & \cdot & \cdot \\ \cdot & & \cdot & \cdot \\ \cdot & & \cdot & \cdot \\ a_{n1} & a_{n2} & \cdots & a_{nn} \end{vmatrix}$$

Matrice A de format (m, n) :
m est le nombre de lignes
n est le nombre de colonnes

Matrice carrée avec déterminant :
les filets verticaux remplacent les parenthèses

Dans une matrice carrée on aura « n, n » : le nombre de lignes égale le nombre de colonnes (voir ci-dessus).

NOTA. – Dans l'énoncé, on écrira : n-ième colonne, m-ième ligne.

Matricule

Voir Numéros d'ordre.

Maximes

Voir Proverbes.

Mesures typographiques

Les imprimeries privées, en France, utilisaient, en fonte chaude, le point typographique créé par F.-A. Didot en 1775.

Le *point didot* mesure 0,375 9 mm, soit environ 3/8 de millimètre.

Son multiple, le cicéro (ou douze), vaut 12 points.

Un mètre contient 2 660 points didot (1 mm = 2,66 points).

Après les travaux décidés par l'Assemblée constituante en 1790 concernant la détermination de la longueur du mètre et l'élaboration du système métrique, Didot voulut modifier son « point » et créa le *point métrique* qui fut adopté par l'Imprimerie nationale.

Le point métrique représente exactement 0,4 mm.

Un mètre contient 2 500 points métriques (1 mm = 2,5 points).

Cette mesure ne put s'étendre à toute l'imprimerie car son adoption eût entraîné un changement complet du matériel utilisé par l'industrie privée, ce qui était impensable à l'époque. L'Imprimerie nationale, qui possédait sa propre fonderie, put effectuer l'opération.

À la suite d'un fâcheux concours de circonstances qui se produisit au début du siècle dernier, le « point IN » (dit métrique) se trouva dans la pratique ramené à 0,398 77 mm.

Les Anglo-Saxons ont leurs propres mesures typographiques. Ils se sont alignés sur un point commun – différent du nôtre – et qui correspond à 0,351 35 mm.

Douze de ces points font un « pica » (homologue de notre cicero).

Une mesure anglo-saxonne, le pouce (*inch*), valant 25,4 mm par excès, est utilisée pour le calcul des formats, interlignes, perforations et trouages des imprimés exploités sur imprimantes.

En photocomposition, l'unité est le plus souvent le millimètre.

Midi, minuit

Midi et *minuit* sont du masculin. On écrit :

midi est sonné, midi et demi, minuit et demi

Les fractions d'heure accompagnant ces deux termes s'écrivent en lettres :

midi dix, minuit trente-sept, midi et (*ou* un) quart

Mil, mille

Mille, adjectif numéral, est toujours invariable : plus de dix mille hommes.

Dans l'énoncé des dates, *mille* peut s'écrire *mil* s'il est suivi, mais non précédé, d'autres nombres (*mil* viendrait du latin singulier *mille*, et *mille* de son pluriel *millia*), c'est-à-dire dans les millésimes de 1001 à 1999. Mais cet usage est réservé aux textes purement littéraires et même spécialisés : pièces d'archives, actes notariés, poésie. *Mil* est archaïque.

Mille, nom commun, prend le pluriel : des milles (marins).

Millénaire

On emploie les chiffres romains grandes capitales pour numéroter les millénaires :

> Vers la fin du IIIe millénaire la Crète centrale connut un haut niveau de civilisation. De grands palais sont édifiés et des villes se développent au début du IIe millénaire.

Millésime

Voir Année.

Millier, million, milliard

Ces termes ne sont pas des adjectifs numéraux mais des noms. Ils prennent la marque du pluriel.

Dans leur emploi littéraire, ils ont généralement pour mission d'évoquer un nombre très grand mais sans précision :

> La salle contenait bien un millier de personnes.
> Il est riche à millions.
> Dépenser des milliards.

Millier n'est jamais employé qu'avec ce sens imprécis et ne peut donc se mettre à la place de *mille. Million* et *milliard* sont par contre utilisés après des chiffres pour constituer des numéraux :

> Cette année-là, le budget atteignit 17,5 milliards de francs.
> La consommation de pétrole fut, en 1965, de 550 millions de tonnes aux États-Unis.

Mais on écrira :

> La population de Paris était alors de 2 725 000 habitants.

Ministère

Voir Organismes d'État (multiples).

Mois

Voir Dates.

Monsieur, madame, mademoiselle

Ces trois termes, qui sont des titres de civilité, suivent des règles d'emploi particulières :

1. Ils s'abrègent, au singulier comme au pluriel, devant le nom, le prénom ou le titre des personnes dont on parle ou qu'on désigne :

> MM. les conseillers sont en conférence avec M. le préfet.
>
> Mme Durand, accompagnée de Mlles Dupont et Dubois, fit une entrée remarquée.

2. Ils s'écrivent au long avec une initiale bas de casse :

Chaque fois qu'ils sont employés seuls, sans être accompagnés d'un nom propre, d'un titre ou d'une fonction :

> Je ne connais pas monsieur, mais il me semble avoir déjà rencontré madame.

Quand on s'adresse à la personne (dialogues, discours, lettres, adresses) :

> Bonjour, monsieur le maire.
> Je vous écoute, madame.
> Qu'en pensez-vous, mesdemoiselles?
> Je voudrais en terminant, mesdames et messieurs,…
> Veuillez agréer, monsieur, l'expression…

Dans certaines constructions de politesse :

> Non madame, monsieur n'est pas encore rentré.
> Comment va madame votre mère?

S'agissant du mot *monsieur* employé comme nom commun :

> C'est un vilain monsieur.
> Avez-vous rencontré ce monsieur?
> Il y a trois messieurs dans la salle d'attente.

3. Ils s'écrivent au long avec une initiale capitale :

Lorsqu'ils constituent un titre honorifique consacré par l'Histoire :

> Madame Mère
> Madame Royale
> Monsieur, frère du roi
> la Grande Mademoiselle

Lorsqu'ils constituent le premier mot d'un titre d'ouvrage :

> C'est en 1835 que Théophile Gautier publia son roman *Mademoiselle de Maupin.*
> En 1857 paraissait *Madame Bovary.*
> Une représentation de *Monsieur de Pourceaugnac*

Mais on écrira :

La Soirée avec M. Edmond Teste, de Paul Valéry

Voir aussi Anglais (composition de l')

Monuments et parties de monuments (noms de)

Ces noms sont généralement composés d'un nom commun d'espèce, individualisé :

– soit par un nom propre :

l'abbaye de Port-Royal
l'arc de triomphe de l'Étoile
l'arche de la Défense
la basilique du Sacré-Cœur
la cathédrale de Rouen
le château de Chenonceaux
la colonnade du Louvre
l'église Notre-Dame de Lourdes (à Lourdes)
l'église Notre-Dame-de-Lourdes (à Paris)
le palais de Chaillot
le palais du Louvre
le pont du Gard
la porte Saint-Martin
la pyramide du Louvre
le temple d'Angkor Vat
la tour Eiffel
la tour de Londres

– soit par un nom commun ayant fonction de nom propre et portant donc une capitale initiale :

la cour de Marbre
la fontaine des Innocents
la galerie des Glaces
l'hôtel de la Monnaie
le palais des Nations
le salon de l'Œil-de-Bœuf
la statue de la Liberté
la tour de l'Horloge

– soit encore par un adjectif dérivé d'un nom propre, qui reçoit la majuscule :

la chapelle Sixtine
la colonne Trajane

Il arrive aussi que le nom commun d'espèce, qu'il soit employé seul ou accompagné d'un adjectif non dérivé d'un nom propre, suffise à caractériser le monument; il se compose alors avec une capitale initiale, ainsi que l'adjectif quand il le précède :

l'Arc de Triomphe (de l'Étoile)
la Cour carrée
le Grand Palais (à Paris)
le Grand Trianon
la Grande Galerie (du Louvre)
le Palais (à Paris)
le Palais de Justice (à Paris)
la Sainte-Chapelle
le Salon carré
le Temple (à Jérusalem, à Paris)
la Tour (à Londres, à Paris)

Mots à faire ressortir du texte

Lorsque l'on veut mettre en évidence certaines parties du texte, on emploie de préférence le romain guillemeté ; si ce procédé n'est pas suffisamment clair pour le lecteur, on recourra à l'italique :

Hélas! Cette «scène de bal» n'eut, je le crains, rien d'exceptionnel, s'il faut en croire divers témoins directs que j'interrogeai tour à tour. (A. Gide.)

Réagissant contre la langue classique, Hugo abolit la périphrase et rejeta le «style noble».

«Écrivez le mot *concomitant*», dit le maître.

Musées (noms de)

On mettra une majuscule au premier *nom* caractéristique et à l'adjectif qui le précède :

le musée national d'Art moderne
le musée des Arts et Traditions populaires
le musée de l'Ermitage
le musée de l'Homme
le musée des Offices
le Musée lorrain
le Musée postal
le musée Victor-Hugo
le musée Galliera
le Muséum national d'histoire naturelle
le British Museum
la National Gallery

On peut rapprocher de ce cas celui de «Galerie» :

la galerie Charpentier
la galerie Visions nouvelles

Musique

Voir Notes de musique.

Navires (noms propres de)

Voir Véhicules.

Nom d'imprimeur (*ou* grébiche)

L'insertion en est obligatoire pour les impressions diffusées dans le public (ouvrages d'édition, affiches, tracts).

Voir aussi Colophon.

Nombres

Délimiter l'emploi des lettres et des chiffres dans la composition des nombres est un problème délicat. Si la tendance actuelle, accentuée par l'extension de la statistique et du langage informatique à tous les domaines, est d'employer de plus en plus les chiffres en tant qu'abréviations (ils allègent le texte, sont très lisibles et permettent des comparaisons rapides), on ne peut cependant pas la généraliser : outre les règles d'emploi que l'on doit respecter, la nature de l'ouvrage intervient dans le choix du procédé à appliquer aux cas non réglementés.

C'est ainsi que les nombres seront exprimés en lettres dans les reproductions d'actes juridiques ou notariés, dans les ouvrages de poésie ; ils le seront généralement aussi dans les textes purement littéraires, où l'on en rencontre peu.

> Barcelone est une ville de six cent mille deux cents âmes…
>
> (Montherlant, *La Petite Infante de Castille.*)

Par contre ils seront le plus souvent composés en chiffres dans les ouvrages de statistique, finance, économie, sciences, où ils abondent.

Pour la grande majorité des travaux, qui ne présentent pas de spécialisation suffisamment marquée et ne peuvent être rattachés aux catégories susmentionnées, on s'en tiendra aux règles établies par l'usage, dont la première est celle-ci : éviter dans un même ouvrage, et tout au moins dans un même article, des transcriptions différentes : *l'unification doit être impérativement appliquée pour les données de même nature.*

La composition des nombres en chiffres offrant une triple variante : chiffres arabes, chiffres romains grandes capitales et chiffres romains petites capitales, on disposera donc de quatre procédés d'écriture avec la composition en lettres.

Nombres en chiffres arabes

On composera en chiffres arabes :

1. Les nombres constituant des données quantifiées, ceux visant à comparaison, faisant partie d'énumérations, opérations, tableaux, ou placés entre parenthèses :

> La ville comptait 2 782 320 habitants au dernier recensement.
> L'importance du domaine (400 ha) exigeait de gros investissements.
> 1964 : 17 200 inscrits, 15 309 votants;
> 1966 : 17 885 inscrits, 15 712 votants.

2. Les dates (sauf les mois), les heures, minutes et secondes, les âges dans les ouvrages courants :

> L'armistice fut signé le 11 novembre 1918.
> L'exposition ouvrira le 10 du prochain mois.
> L'avion décolla à 18 h 21.
> Il est âgé de 45 ans.

3. Les numéros d'ordre :

– d'immeubles, arrondissements de certaines grandes villes, départements, régions, etc., notamment dans les adresses postales :

> Imprimerie nationale
> 27, rue de la Convention
> 75732 PARIS CEDEX 15

– d'articles de codes, lois, décrets, statuts, circulaires, nomenclatures de matériel, matricules, numéros d'actions, d'obligations, de billets de loterie :

> Vu l'article 5 de la loi n° 59-473
> Circulaire 2139/EMAA/47/SV
> Châssis n° 654242, moteur type T 1724
> Le billet n° 21742 gagne 10 000 F.

– des armées, divisions, régiments… français ou alliés lorsqu'il est nécessaire de les différencier d'unités étrangères ou ennemies (celles-ci caractérisées par l'emploi de chiffres romains grandes capitales) :

> La 6ᵉ armée Maunoury stoppa la Iʳᵉ armée von Kluck.

– des notes, appels de notes, colonnes, paragraphes, articles, pages, vers, versets, lignes, dans les ouvrages imprimés :

> On consultera le paragraphe 3 de l'article 2, page 1123, colonne 2.

4. Les nombres s'appliquant à des titres d'alliages, calibres, degrés (température, longitude, latitude, mesures d'angles), échelles, mesures typographiques et formats, pourcentages, prix, rapports, sommes, taux d'intérêt :

> Le bronze dit parisien est un alliage comportant 88 % de cuivre.
> Le navire s'échoua par 36° 05′ N – 26° 24′ 53″ E.
> La carte topographique de la France est établie au 1/50 000 ; elle dérive de levés au 1/20 000.
> Un ouvrage in-4° carré composé en 10 Baskerville sur une justification de 160 mm.
> L'emprunt portera un intérêt de 6,25 %.
> Cet hiver-là, le prix des œufs atteignit 4,80 francs la douzaine ; celui des tomates, 5,20 francs la livre.

Nota

a. Les nombres en chiffres exprimant une quantité s'écrivent par tranches de trois chiffres (tranches de mille) séparées par une espace insécable et *non dilatable,* tant pour la partie entière que pour la partie décimale. Ces groupes sont constitués en allant vers la gauche pour la partie entière, vers la droite pour la partie décimale, à partir de la virgule :

> 74 835,140 71

b. Les nombres ayant fonction de numérotage, donc valeur d'ordinal (millésimes, matricules, folios...) sont composés de chiffres collés :

> Reportez-vous à la page 1247 de l'édition de 1961.

c. Pour indiquer les taux on généralisera l'emploi des signes % et ‰. On n'emploiera *p. 100* et *p. 1 000* que dans les proportions, et cela sur demande formelle de l'auteur.

d. L'abréviation d'un nombre composé en chiffres n'est pas admise :

> de 5 000 à 6 000 personnes (*et non* : de 5 à 6 000...)
> la guerre de 1914-1918 (*et non* : ... de 1914-18)

exception faite pour certaines dates historiques :

> les principes de 89
> les combattants de 14-18

e. Les fractions ne sont jamais suivies de lettres supérieures :

> Il gagna en 10 secondes 1/10.
> Une carte au 1/200 000

f. On n'utilisera de virgule dans la composition des nombres mesurant le temps ou les angles qu'immédiatement avant une subdivision *décimale* des unités en question :

47° 22′ 18″ N et 3° 21′,67 W

g. On ne fera pas suivre immédiatement d'une fraction un nombre composé en chiffres (toléré pour l'écriture des taux d'intérêts).

Nombres en chiffres romains grandes capitales

On composera en chiffres romains grandes capitales les nombres concernant :

1. Les ans du calendrier républicain, les millénaires, certains millésimes de frontispices :

Robespierre fut guillotiné le 10 thermidor an II.
La pyramide de Chéops est un témoin de l'architecture du IIIe millénaire.

2. Les divisions principales d'un ouvrage (à l'exception de *premier, première*, souvent composés en lettres dans les lignes de titres) : actes (théâtre), annexes, appendices, psaumes, chants (poésie), discours, documents (archives), fascicules, lettres, livres, parties, pièces de dossiers, planches ou illustrations, sections, titres, tomes, volumes :

tome III, volume V, fascicule II, planche I

3. Les numéros dynastiques appliqués à un nom propre de personne :

Louis XIV, Henri IV, Raymond VI de Toulouse

4. Les régimes politiques, les dynasties, les assemblées ou réunions renouvelées de personnes (pour un motif politique, religieux, commercial, sportif…) :

la Ve République, le IIIe Reich, la XXe dynastie, le LVe Salon de l'automobile, les XIXes Jeux olympiques…

Exception sera faite cependant pour :

Premier Empire, Second Empire

que l'on rencontre habituellement composés en lettres.

5. Les régions militaires, les numéros des unités d'armées étrangères ou ennemies lorsqu'il est nécessaire de les différencier d'unités françaises ou alliées (celles-ci caractérisées par l'emploi de chiffres arabes) :

Lille est le siège de la IIe région militaire.

Nombres en chiffres romains petites capitales

On composera en chiffres romains petites capitales les nombres concernant :

1. Les siècles.

2. Les divisions secondaires d'un ouvrage (à l'exception de *premier, première*, souvent composés en lettres dans les lignes de titres) : chapitres, couplets de chansons, épîtres, leçons, odes, sonnets, stances, strophes, scènes (théâtre), pages de préface, d'avant-propos, d'introduction (dites parfois pages de lettres) :

> Relisez le chapitre II : vous y trouverez développé le sujet ébauché dans la préface, p. XI.

Cependant, si l'on rencontre, dans un titre ou un texte composé en grandes capitales, un nombre qui devrait être en petites capitales, on le composera en grandes capitales pour des raisons d'esthétique.

Nombres en lettres

On composera en toutes lettres :

1. Les nombres employés *substantivement* :

> Les trois quarts, un trois-centième de part
> Voyager en première (*mais* : Voyager en 1re classe)
> Redoubler la cinquième (*mais* : Redoubler la classe de 5e)
> Jouer le sept de carreau
> Consulter un volumineux in-quarto
> Se qualifier pour les huitièmes de finale
> Prendre le quart
> Passer un mauvais quart d'heure
> Acheter du trois pour cent
> Se mettre sur son trente et un

2. Les nombres rencontrés isolément et représentant des quantités simples (entières ou accompagnées de *demi, quart*) :

> Les deux voyageurs avaient, au soir du troisième jour, parcouru cinq cents kilomètres.
> Des sept villes existant alors, on a pu en situer quatre.
> Le match dura deux heures et demie.
> Ce raisonnement appelle trois objections.
> Il frappa quatre ou cinq fois à la porte sans obtenir de réponse.
> Il se rendait à la ville tous les trois mois.

3. Les fractions d'heure suivant les mots midi et minuit :

> midi dix, midi et quart, minuit trente-sept, minuit et demi

4. Les expressions telles que :

les années trente
les années quatre-vingt-dix

ÉCRITURE DES NOMBRES EN LETTRES

Les éléments constituant un nombre inférieur à cent sont liés soit par un trait d'union soit par la conjonction *et*. Il en est de même lorsque ces nombres entrent en composition :

dix-sept, vingt et un, soixante et onze, soixante-dix-sept, quatre-vingts, quatre-vingt-un, quatre-vingt-dix, quatre-vingt-onze, quatre-vingt-dix-sept, cent un, cent vingt-deux, deux cents, deux cent un, mille neuf cent soixante-douze

S'il n'y a pas d'ambiguïté, on peut abréger un nombre composé en lettres :

Ils furent pris à partie par une troupe de cinq (cents) à six cents hommes.

Noms propres (pluriel des)

NOMS DE PERSONNES

1. Prennent la marque du pluriel :

– les noms de familles royales ou princières, français ou francisés :

les Bourbons — les Stuarts
les Capets — les Tudors

– les noms propres employés par antonomase :

des Don Juans — les Cicérons

– les noms propres désignant des œuvres d'art par le nom des personnages représentés :

des Cupidons

2. Sont invariables :

– les noms de familles royales ou princières *non francisés* :

les Hohenzollern — les Romanov

– les noms désignant seulement une famille, ou deux ou plusieurs personnes homonymes :

les Goncourt — les Rothschild
les Borgia — les Dupont et les Durand

– les noms de personnes célèbres, précédés de l'article pluriel, mais ne désignant par emphase qu'un seul individu :

Les Bossuet, les Bourdaloue ont illustré la chaire chrétienne au XVIIe siècle.

– les noms de personnes désignant, par métonymie, des œuvres produites par ces personnes :

des Picasso des Balzac

NOMS GÉOGRAPHIQUES

1. Prennent la marque du pluriel :

– les noms désignant plusieurs pays, fleuves, etc., de même nom :

les deux Amériques les Guyanes

– les noms employés par antonomase :

les Babylones modernes

2. Sont invariables les noms composés homonymes :

Il y a plusieurs Saint-Sauveur en France.

AUTRES NOMS PROPRES

1. Marques de fabriques.

Les noms propres de marque sont invariables :

deux Peugeot quatre Ricard

2. Titres d'œuvres, de journaux, etc.

Ces titres sont toujours invariables :

trois *Télémaque* quatre *Chasseur français*

Notes

Les notes sont un commentaire explicatif sur un mot ou sur un passage d'un ouvrage, que l'auteur n'a pas jugé utile d'inclure dans le texte lui-même.

Leur caractère accessoire justifie leur composition en un corps inférieur – de 2, 3 ou 4 points – à celui du texte, dans lequel elles sont signalées par les appels de notes.

EMPLACEMENT

Les notes sont le plus souvent placées en bas de page, quelquefois en marge (notes marginales) ; on les rencontre aussi groupées en fin de chapitre ou en fin de volume (souvent sur deux colonnes dans ce dernier cas).

Dans un tableau, la note se trouve obligatoirement à l'intérieur du cadre si son appel s'y trouve lui-même. Généralement composée sous les colonnes après un filet maigre horizontal et sur toute la largeur du tableau, elle peut également être incluse dans la colonne d'observations.

En bas de page, la note est séparée du texte :

– soit par une ligne en blanc (au minimum);

– soit par un filet maigre sur la justification totale de la page;

– soit par une amorce de filet maigre (sur 1/5 environ de la justification avec maximum de 20 mm).

À la fin d'un chapitre, si la page est creuse, la note peut être rapprochée du texte au lieu d'être maintenue en pied de page.

Dans une page constituée de texte et de tableaux, les notes appelées dans les tableaux sont à inclure au bas de chacun d'eux, celles appelées dans les titres ou le courant du texte étant normalement placées en bas de page. Pour éviter toute confusion, les appels revêtiront une forme différente (p. ex. chiffres pour le texte, lettres pour chaque tableau).

NUMÉROTAGE

Notes et renvois se numérotent à la suite soit par page, soit par chapitre, soit encore par volume.

Le numéro de la note :

– reflète l'appel de note (toutefois, le chiffre supérieur est remplacé, pour une meilleure lisibilité, par un chiffre du corps suivi d'un point);

– n'est jamais accompagné d'un point s'il est «supérieur» ou entre parenthèses;

– se place immédiatement après le blanc régulier d'alinéa… et y reste, même s'il introduit un titre centré ou un vers «renfoncé»;

– hormis ce cas, est toujours suivi d'un demi-cadratin.

DISPOSITION

Les numéros des notes s'alignent verticalement sur leur droite; si leur nombre atteint la dizaine, la différence de largeur entre les renvois 9 et 10 est prise sur le blanc d'alinéa.

Si les notes sont courtes, on pourra les composer à la suite en les séparant par des «moins».

Si les notes d'une page sont composées sur deux colonnes, celles-ci comporteront de préférence le même nombre de lignes.

La dernière ligne d'une note ne peut se rejeter d'une colonne à une autre, sauf si cette ligne est pleine.

Mais elle ne se rejettera pas d'une page à une autre.

Une note s'étendant sur plusieurs pages sera toujours précédée d'au moins deux lignes de texte.

CONTENU

Une note composée en vers sera « renfoncée », mais son numéro d'ordre garde la même place – derrière le blanc normal d'alinéa.

La traduction, donnée en note, d'un mot ou d'un groupe de mots en langue étrangère – écrits en italique dans le texte – se composera en romain entre guillemets.

Si la première note d'une colonne ou d'une page contient une abréviation comme *id., ibid., op. cit., loc. cit.,* renvoyant à une source indiquée précédemment, celle-ci doit être obligatoirement recomposée.

SOUS-NOTES

Les sous-notes sont généralement appelées par des lettres bas de casse italiques entre parenthèses, les notes de sous-notes par les mêmes lettres sans les parenthèses.

Les sous-notes et les notes de sous-notes seront composées, dans la mesure du possible, dans un corps inférieur à celui des notes ordinaires.

Notes de musique

Les noms des notes de musique (*ut, do, ré, mi, fa, sol, la, si*) se composent en italique dans le romain et *vice versa*, mais jamais entre guillemets si l'on ne dispose pas d'italique :

un ton de *sol*
la clef de *fa*

Les indications qui les accompagnent parfois (bécarre, bémol, dièse, majeur, mineur) restent en romain :

un ton de *sol* majeur
une étude en *fa* dièse
La symphonie *Jupiter* de Mozart est en *ut* majeur.

Faisant partie d'un titre d'œuvre, lui-même en italique, les noms des notes de musique ne s'en distinguent pas :

Bach écrivit sa *Toccata et fugue en ré mineur* en 1709.

Numéro

Voir Nombres en chiffres.

Numéros d'ordre

Dans les numéros d'ordre en général, et particulièrement ceux concernant les articles de codes, lois, décrets, circulaires, les nomenclatures de matériel, les matricules, les titres de valeurs, les billets de loterie, les folios, etc., les nombres se composent en chiffres arabes collés. Lorsqu'ils entrent en composition avec des lettres pour former des références, on marque généralement une séparation entre les groupes de lettres capitales et les groupes de chiffres : blanc, division, filet oblique suivant le cas :

circulaire 2139/EMAA/47/SV
châssis n° 654242, moteur type T 1724
le billet n° 21741 gagne le gros lot
voir les paragraphes 1212*a* et 678-B

Observatoire

Voir Organismes d'État *et* Sociétés.

Œil (d'un caractère)

L'œil (pluriel : œils) est la partie supérieure (ou relief) du caractère typographique qui, après encrage, imprime le papier.

Office

Voir Organismes d'État.

Ordre (professionnel)

Voir Sociétés.

Ordres civils et militaires

Voir Décorations.

Organisations

Voir Organismes internationaux.

Organismes d'État

ORGANISMES MULTIPLES

Les noms de ces organismes – dont un certain nombre du même type existent dans l'organisation administrative d'une nation – sont des noms communs d'espèce et restent en bas de casse. Ils sont individualisés soit par un nom propre, soit par un terme de spécialisation qui joue le rôle d'un nom propre et, comme tel, prend la capitale :

l'académie d'Aix-Marseille
l'administration des PTT
le bureau du Sénat
la caisse régionale de sécurité sociale
la chambre de commerce de Lyon
la commission des finances
le conseil de guerre de Rouen
le conseil des prud'hommes
le conseil général
le conseil municipal
la cour d'appel de Poitiers
la cour d'assises du Rhône
le département de l'Agriculture
la direction du Budget
la direction générale des Douanes
l'état-major de la 5e armée
le gouvernement militaire de Metz
l'institut Pasteur de Bordeaux
la mairie du Havre
le ministère des Affaires étrangères
l'observatoire de Meudon
l'office départemental des Anciens Combattants
le parlement de Bordeaux
la préfecture de l'Ain
la préfecture de Police
le quartier général de la 2e armée
le secrétariat d'État à la Guerre
le service des Eaux et Forêts
le tribunal correctionnel
le tribunal pour enfants

ORGANISMES UNIQUES

Les noms des organismes et institutions d'État à caractère *unique* – c'est-à-dire dont la compétence s'étend à tout le territoire d'un pays – sont de véritables noms propres.

Le premier mot nécessaire à l'identification portera une majuscule, ainsi que l'adjectif qui le précède :

l'Administration (*au sens de* l'autorité administrative)
les Archives nationales (*ou* les Archives)
l'Aréopage
l'Assemblée nationale
la Bibliothèque nationale
le Bureau des longitudes
le Cadastre
la Caisse nationale d'épargne
le Centre national de la recherche scientifique
la Chambre des communes (*ou* les Communes)
la Chambre des députés
la Chambre des lords
la Chambre des pairs
la Chambre des représentants
le Comité de salut public
le Congrès (des États-Unis)
le Conseil des Anciens
le Conseil des Cinq-Cents
le Conseil constitutionnel
le Conseil d'État
le Conseil des ministres
le Conseil de la République
le Conseil supérieur de la magistrature
la Convention
les Contributions indirectes
la Cour de cassation
la Cour des comptes
la Curie
le Département d'État (aux USA)
l'Enregistrement
l'État-Major général
le Foreign Office
le Gouvernement (français)
le Grand État-Major
le Grand Quartier général
la Haute Assemblée (l'Assemblée nationale)
la Haute Cour de justice
l'Inspection des finances
l'Institut de France
l'Institut Pasteur (de Paris)
la Monnaie
l'Observatoire (de Paris)
l'Office des changes
le Parlement (ou les Chambres)
le Présidium (du Soviet suprême)
le Quai d'Orsay

le Sacré Collège
le Sanhédrin
la Sécurité sociale (l'institution)
le Sénat
la Sûreté nationale
le Trésor
le Tribunal des conflits

Organismes internationaux

Les institutions et organismes d'ordre international ou supranational possèdent, par définition pourrait-on dire, un caractère unique qui confère à la dénomination de chacun d'eux la valeur d'un nom propre.

On composera avec une capitale initiale le premier mot nécessaire à l'identification, ainsi que l'adjectif qui le précède :

l'Agence européenne pour l'énergie nucléaire
l'Alliance pour le progrès
l'Assemblée générale des Nations unies
l'Association européenne de libre-échange (AELE)
la Banque internationale pour la reconstruction et le développement (BIRD)
le Bureau international du travail (BIT)
le Bureau Veritas
le Comecon
la Commission européenne
la Communauté européenne du charbon et de l'acier (CECA)
la Communauté européenne économique (CEE) *ou* Marché commun
les Communautés européennes
le Conseil de l'Europe
le Conseil de sécurité
le Conseil des ministres des Douze
le Conseil de tutelle
le Conseil économique et social
le Conseil européen de recherches nucléaires (CERN)
la Cour internationale de justice
la Cour de justice (des Douze)
la Croix-Rouge
le Fonds des Nations unies pour l'enfance (UNICEF)
le Fonds monétaire international (FMI)
la Haute Autorité (de la CECA)
la Ligue arabe
le Marché commun
le Mouvement de la paix
les Nations unies
l'Organisation de coopération et de développement économique (OCDE)
l'Organisation de l'unité africaine (OUA)
l'Organisation des Nations unies (ONU)

l'Organisation des pays exportateurs de pétrole (OPEP)
l'Organisation du traité de l'Atlantique nord (OTAN)
l'Organisation internationale du travail (OIT)
l'Organisation mondiale de la santé (OMS)
l'Organisation pour l'alimentation et l'agriculture (FAO)
le Pacte atlantique
le Parlement européen
la Société des Nations (SDN)
l'Unesco
l'Union de l'Europe occidentale (UEO)

Orthographe multiple

Il existe en français de nombreux mots pouvant s'écrire de différentes façons sans que les ouvrages spécialisés s'accordent sur la forme à recommander. Dans la liste suivante figurent quelques-uns de ces mots pour lesquels on emploiera de préférence la première orthographe signalée qui est la plus courante, ce qui contribuera à l'unification recherchée :

agave, agavé
alaise, alèse, alèze
après-dîner, après-dînée
aulne, aune
balluchon, baluchon
bernacle, bernache, barnache
bistrot, bistro
bleuet, bluet
boëte, boette, boitte
bougainvillée, bougainvillier
cariatide, caryatide
cèpe, ceps
chah, shah
chausse-trappe, chausse-trape (Acad.)
chevesne, chevaine, chevenne
clé, clef
cleptomane, kleptomane
cuillère, cuiller
daurade, dorade
èche, esche, aiche
embauchoir, embouchoir
érysipèle, érésipèle
escarre, eschare, esquarre
et cetera, et cætera
êtres, aîtres
fantasme, phantasme
faramineux, pharamineux
fjord, fiord
ledit, le dit
lice, lisse (tissage)
lieu-dit, lieudit
lis, lys
mafia, maffia
malström, maelström
moleskine, molesquine
nénuphar, nénufar
orang-outan, orang-outang
paie, paye
paiement, payement
parafe, paraphe
parhélie, parélie
phlegmon, flegmon
Présidium, Præsidium
pur-sang, pur sang (subst.)
réviser, reviser
révision, revision
rigodon, rigaudon
sampan, sampang
sconse, skunks
soja, soya
saoul, soûl
tanin, tannin
téléférique, téléphérique
walkyrie, valkyrie
yack, yak
yogourt, yoghourt

Pacte

Voir Traités.

Page

L'un des côtés d'un feuillet (ex. : une page blanche).

Impression contenue dans la page même.

Assemblage d'un certain nombre de lignes avec folio et titre courant.

Pages de titres : pages sur lesquelles on trouve le faux titre, le titre.

Belle page : page impaire (*ou* recto du feuillet).

Fausse page : page paire (*ou* verso du feuillet).

Pages de garde : deux pages blanches constituant un feuillet que l'on trouve au début et à la fin d'un volume.

Mettre en pages : assembler et agencer les compositions et illustrations pour en faire des pages.

Mise en pages : le résultat de cette opération ; on dira : une belle mise en pages.

On ne commence jamais une page de texte par une ligne courte, à moins que celle-ci ne constitue à elle seule un alinéa.

Une page de fin de chapitre, de partie ou d'ouvrage devrait comporter au moins six lignes.

Papier

Le papier est livré par le fabricant en rame ou en bobine.

Une rame se compose toujours de 500 feuilles posées à plat les unes sur les autres, quel qu'en soit le format.

Déroulement, largeur de laize et caractéristiques du papier déterminent le poids des bobines.

Le papier en bobine, exploité sur rotative, le plus souvent plié voire façonné en sortie de machine, est plus spécialement destiné aux travaux à forts tirages.

Le papier se définit par :

1. Son *grammage*, exprimé en grammes par mètre carré.

2. Sa *composition* (selon la codification COPACEL) :

– avec « bois » : papier avec une forte proportion de pâte mécanique, ou thermo-mécanique, ou mi-chimique complétée par un certain pourcentage de pâte chimique ;

– sans «bois» : forte proportion de pâte chimique par rapport à la pâte mécanique ;

– pure cellulose : papier préparé exclusivement à partir de pâte chimique, en précisant le type de la cellulose (chiffon, alfa...).

Sans entrer dans le détail de la contexture du papier ou de ses propriétés mécaniques, il est à noter que l'aspect du papier est lié aux caractéristiques visuelles de blancheur ou de couleur, de brillant (par exemple, papier couché), d'opacité, ainsi que de lissé ou de rugosité (états de surface du papier).

D'autres propriétés physico-chimiques et/ou mécaniques peuvent être déterminées dans des cas spécifiques.

Prenant en considération la photogravure, le procédé d'impression, la qualité du papier sera choisie en fonction de la finalité de l'imprimé.

Voir aussi Format.

Parlement

Voir Organismes d'État *et* Organismes internationaux.

Particule patronymique

MAINTIEN OU SUPPRESSION

La particule patronymique précédant un nom propre est toujours maintenue après le prénom, le titre nobiliaire ou de civilité, très souvent après la fonction ou le grade :

Honoré de Balzac	le cardinal de Richelieu
le chevalier d'Assas	le chancelier de Maupeou
Mme de Maintenon	l'amiral de Coligny

Ailleurs, elle disparaît :

un ouvrage sur Richelieu	Balzac mourut à 51 ans.

Si certains, avec Littré, préconisent le maintien de la particule devant les noms d'une syllabe, les noms de deux syllabes avec finale muette et les noms commençant par une voyelle ou un *h* muet, cet usage n'est pas toujours suivi (c'est le contexte qui décide) :

de Thou fut exécuté	les *Mémoires* de Retz
un discours de de Gaulle	les œuvres de Sade
les exploits de d'Artagnan	ses fils Aumale et Joinville

RENCONTRE DE LA PARTICULE ET DE L'ARTICLE

Les noms propres de personnes comprenant un article initial distinct mais « inséparable », tels La Fontaine, Le Verrier, prennent une majuscule à cet article (dans les classements alphabétiques, ces noms sont rangés à *La, Le* ou *Les*). Contrairement à l'usage du XVIIe siècle, la majuscule est aujourd'hui maintenue après la particule :

Cavelier de La Salle	le chevalier de La Barre
Jean de La Bruyère	le marquis de La Fayette

On mettra toujours une capitale aux particules *Du* et *Des* qui précèdent obligatoirement le nom (dans un index, ces noms sont classés à *Du* ou *Des*) :

un sonnet de Du Bellay	les vers de Des Autels
la mort de Du Guesclin	un conte de Des Périers

PARTICULES ÉTRANGÈRES

Se composent en bas de casse (et sont, dans les index, rejetées après le prénom) les particules :

– allemandes *an, auf, von, von der, zu* ;

– anglo-saxonne *of* ;

– espagnoles (et hispano-américaines) *de, del, de las, de les, de los, las, los, y* ;

– portugaises (et brésiliennes) *a, da, das, de, dos* ;

– scandinaves *af, av, von.*

Eric von Stroheim	João Adolfo dos Santos
lord Rutherford of Nelson	Carl von Linné
Bartolomé de las Casas	Chlodwig zu Hohenlohe
Tristan da Cunha	José Ortega y Gasset

Se composent avec une capitale initiale (et sont, dans les index, toujours maintenues avant le nom) les particules :

– allemandes *Am, Im, Vom, Zum, Zur* ;

– anglo-saxonnes *A, De, De La, Dos, Fitz, Mac, Mc, O'* ;

– flamandes et néerlandaises *De, Den, T', Ten, Ter, Van, Van den, Van der* ;

– italiennes *D', Da, Dall', De, Degli, Dei, Del, Dell', Della, Di, Lo* ;

– scandinave *De.*

Cecil B. De Mille	Ernst Vom Rath
Mazo De La Roche	Albert T'Serstevens

John Dos Passos	Vincent Van Gogh
Douglas MacArthur	Gabriele D'Annunzio
James Macpherson	Vittorio De Sica
Norman McLaren	Andrea Del Sarto
Sean O'Casey	Nicolo Dell'Abate

Bien que composée en bas de casse, la particule néerlandaise *'s* est toujours maintenue devant le nom (dont elle est séparée par une espace fine) :

Willem Jacob 's Gravesande

ÉCRITURE DE LA PARTICULE

Placée devant le nom, la particule se compose généralement dans le même caractère (grandes ou petites capitales) que celui-ci. Rejetée après lui, dans une liste nominative par exemple, elle reste en bas de casse :

J. D'ALEMBERT	DU BELLAY (J.)
Charles DE GAULLE	LA FONTAINE (J. de)
CARON DE BEAUMARCHAIS	KARAJAN (H. von)

Dans un texte, lorsqu'il y a risque de confusion avec un nom de lieu, la particule peut prendre la majuscule :

une production De Neuville

Parties d'un ouvrage

Un volume présente généralement un feuillet blanc au début (et à la fin) et, s'il comporte une reliure, des pages de garde à livre ouvert (soit en papier relieur, soit illustrées) dont un feuillet est contrecollé en doublure de couverture, et l'autre appliqué au recto du feuillet blanc de début.

En tête d'un ouvrage on trouve successivement et en belle page :

– le *faux titre*, simple rappel du titre et éventuellement du sous-titre. On place au verso de ce feuillet, en regard de la page de titre, la liste des œuvres publiées (et en préparation) de l'auteur, ou une illustration dite frontispice ;

– le *titre*. Au verso de la page de titre et en pied, on mentionne le *copyright* ainsi que l'*ISBN* et/ou l'*ISSN*. On peut y faire figurer un *sommaire* ou la *justification du tirage*;

– la *dédicace*, s'il y en a une, s'imprime sur la belle page suivante, souvent en haut et à droite ;

– un *avis* ou un *avertissement* se place au verso de l'une des premières pages ;

– ensuite, dans l'ordre et toujours en belle page, l'*avant-propos*, l'*introduction*, la *préface*;

– éventuellement la *notice* comportant des indications sommaires sur l'ouvrage et son utilisation (explication des symboles ou des logos utilisés, par exemple);

– enfin la page 1 du texte, avec parfois le rappel du titre en haut de page et/ou un exergue, puis le corps de l'ouvrage dont la dernière page peut comporter le mot FIN.

En fin de volume sont imprimés dans l'ordre et toujours en belle page :

– la *postface*, éventuellement;

– les *notes*, lorsqu'elles sont groupées;

– la *bibliographie*, qui est cependant parfois placée immédiatement avant la page 1 du texte;

– l'*index* ou les index (des noms de personnes, des noms de lieux, etc.);

– la *table des illustrations* avec mention du *crédit photo*;

– la *table des matières*;

– le *colophon*;

– l'*achevé d'imprimer*;

– la *mention du dépôt légal* et celle de l'*imprimeur* constituent la dernière page imprimée de l'ouvrage.

La pratique naguère répandue du cahier d'annonces ou du catalogue d'éditeur (souvent sur papier différent et de couleur) disparaît aujourd'hui au bénéfice de l'encart libre ou de l'impression sur les pages 2, 3 (et 4) de couverture ou sur les rabats de celle-ci ou de la jaquette.

Partis politiques

Les noms des partis, factions ou organisations politiques, comme ceux de leurs membres ou adhérents, se composent ordinairement en bas de casse :

le cartel des gauches
les chrétiens-démocrates
les communistes
les démocrates
les démocrates-chrétiens
la démocratie chrétienne
la droite
l'extrême gauche
les fascistes
la majorité
les maoïstes
les nazis
l'opposition
le parti communiste
le parti radical
le parti socialiste
la réaction
les républicains
la social-démocratie
les socialistes
les sociaux-démocrates
les travaillistes

mais on mettra une capitale initiale au nom qui est le libellé exact de la dénomination du parti ou du groupe :

la Convention des institutions républicaines
le Mouvement républicain populaire (MRP)
le Parti communiste français (PCF)
le Parti républicain radical et radical-socialiste
le Rassemblement pour la République (RPR)
le Parti républicain

Prennent normalement la majuscule les noms des groupements ou organisations qu'on peut considérer comme de véritables noms propres :

l'Action française
les Chemises brunes
les Chemises noires
les Chemises rouges
le Club des jacobins
le club Jean-Moulin
les Croix-de-Feu
le Front national de libération
l'Internationale socialiste
le Ku Klux Klan
la Ligue des droits de l'homme
la Milice
la Montagne
le parti du Congrès
la Phalange
la Sainte-Ligue
la IIIe Internationale
le Vietminh

Beaucoup d'organisations politiques sont citées sous la forme de sigles :

La CDU, le CELIB, le CNR, le FLN, le FNL, le GOP, le MRP, le NPD, le PC, le PCF, le PSU, la SFIO, le (ou la) SPD, les SS, l'UDR, l'UDF.

Voir aussi Doctrines.

Passages cités

Les passages cités, empruntés à d'autres ouvrages et constituant de longues citations indépendantes, comme on en rencontre fréquemment dans certains travaux d'érudition (biographies, mémoires, thèses, etc.), seront composés en romain d'un corps inférieur à celui du texte, sans guillemets, et seront isolés par des blancs.

Les passages courts, ne présentant pas de discontinuité avec le texte, seront, comme les citations ordinaires, composés entre guillemets dans le corps du texte.

Pavé (composition en)

Voir Présentation du texte.

Pays ou États (noms de)

Lorsque figure dans le nom d'un État la forme du régime politique, on appliquera la règle suivante pour le placement de la majuscule :

Dans les noms de pays, les mots *empire, république, royaume,* etc., s'écriront entièrement en lettres minuscules s'ils sont précisés par un *nom propre.* Ces mêmes mots prendront une capitale initiale s'ils sont complétés par un simple *adjectif de nationalité.*

On composera donc :

la Confédération helvétique
l'Empire britannique
l'empire des Indes
le grand-duché de Luxembourg
la principauté de Monaco
la République arabe unie (RAU)
la République argentine
la République centrafricaine
la République démocratique allemande (RDA)
la république socialiste du Vietnam
la République dominicaine
la République française
le royaume des Pays-Bas
l'union de Birmanie
l'Union indienne
l'Union des républiques socialistes soviétiques (URSS)

L'usage a cependant consacré les formes suivantes :

les États-Unis (USA)
les États-Unis du Brésil
les États-Unis du Mexique
la République fédérale d'Allemagne [1] (RFA)
le Royaume-Uni

Personnification

Voir Allégorie.

Peuples (noms de)

Prennent la capitale initiale les noms de peuples, de races et d'habitants employés substantivement :

les Américains, les Chinois, les Russes
les Jaunes, les Noirs, les Peaux-Rouges
un Marseillais, un New-Yorkais, un Romain
un Européen, un Lorrain, un Provençal

1. Transcription littérale de la dénomination allemande.

Se composent entièrement en minuscules les adjectifs de peuples, de races et de langues :

le peuple suédois, le flegme britannique, la race blanche
Il a été naturalisé allemand, il traduit le russe et l'anglais.

Les noms de peuples composés, employés substantivement, prennent la capitale à leurs différents composants :

les Anglo-Saxons, les Austro-Hongrois, les Nord-Africains

mais :

les Basques espagnols, les Belges flamands, les Canadiens français
les Francs saliens, les Indiens jivaros, les Noirs bantous

Plan

Voir Organismes internationaux.

Planches

Parties indépendantes d'un ouvrage, présentées en hors-texte, les planches se numérotent en chiffres romains grandes capitales :

La planche IV, fig. 2, représente un fragment de feuille.

On observera cependant que, par contagion des usages anglo-saxons et germaniques où l'emploi des chiffres arabes est majoritaire, cette règle est de moins en moins observée.

Poèmes (titres de)

Voir Titres d'œuvres et de journaux.

Points typographiques

Voir Mesures typographiques.

Points cardinaux

Les règles données ci-après pour l'écriture des noms des points cardinaux : *nord, sud, est, ouest* et de leurs composés s'appliquent également aux mots : *midi, centre, occident, orient, couchant, levant, ponant, septentrion...*

1. *Employés adjectivement,* les noms des points cardinaux seront composés entièrement en bas de casse :

l'hémisphère nord
n degrés de latitude sud
suivre un axe nord-sud
la frontière nord-est du pays
le bord sud-ouest du bassin de Manosque
l'Atlantique nord
l'Union sud-africaine

à l'exception des cas suivants où les points cardinaux ont fonction de nom propre géographique :

le pôle Nord
le pôle Sud
le cap Nord

2. *Employés substantivement :*

a. Les noms des points cardinaux désignant une direction, une exposition, une orientation, une situation relative seront composés entièrement en bas de casse :

le vent du sud
une façade exposée au midi
marcher vers le nord
prendre la direction du nord-est
une lueur apparut à l'orient
Versailles est à 23 kilomètres au sud-ouest de Paris.
se replier au sud de la Loire

b. Les noms des points cardinaux désignant une partie du monde ou d'un pays seront composés avec une initiale capitale :

Le Nord et le Sud de la France offrent de grands contrastes.
Passer ses vacances partie dans le Centre, partie dans le Sud-Ouest
les départements du Nord
les primeurs du Midi
les pays de l'Est
le Sud tunisien
le Sud-Est asiatique
l'Extrême-Nord canadien
le Nord-Vietnam
les pays du Levant
L'Orient et l'Occident s'affrontèrent souvent au cours des siècles.

de même que ceux ayant fonction de nom propre :

la gare de l'Est
la mer du Nord
l'île du Levant

3. Les noms des points cardinaux seront abrégés dans certains ouvrages techniques :

a. Lorsqu'ils s'appliquent à des mesures de longitude et de latitude :

un point situé par 52° 7′ de latitude N et 43° 1′ de longitude E

b. Lorsque plus de deux points cardinaux se rencontrent en composition :

un vent de direction NNW-SSE

NOTA

1. Lorsque les points cardinaux sont figurés par leurs initiales (NE, SO, NNE) on met une division entre les éléments désignant deux aires opposées (NE-SO, NNE-SSO).

2. On rencontre souvent l'abréviation W (anglais : *West*) pour O (Ouest) dans certains ouvrages, de marine par exemple, ce qui permet d'éviter la confusion entre le chiffre 0 et la lettre O dans l'interprétation de la copie lorsqu'il s'agit de mesures de longitude et de latitude :

Faire route vers les points de coordonnées 37° 00′ N – 130° 00′ W et 35° 00′ N – 140° 00′ W.

3. Les noms composés de points cardinaux sont réunis par une division collée :

un vent de nord-est
un vent soufflant en direction nord-sud

mais on blanchira de part et d'autre de la division entre deux groupes de points cardinaux opposés en direction :

l'axe nord-est - sud-ouest

Ponctuation

Faisant souvent figure de parent pauvre dans la famille des éléments stylistiques, la ponctuation est la plupart du temps négligée et les signes servant à la marquer utilisés sans méthode, avec beaucoup de fantaisie, au détriment même de la clarté du texte, alors que son rôle est de contribuer à la logique du discours. Cela provient en grande partie du fait que les auteurs, plus attachés au fond qu'à la forme, dictent parfois leur texte et qu'ils n'ont guère le temps de relire celui-ci, interprété par un opérateur de saisie.

Il faut donc réagir contre ce laisser-aller, mais cela ne peut être fait qu'au stade de la préparation de copie : ce qui peut être aisément rectifié avant saisie des textes l'est moins facilement sur les compositions, particulièrement après mise en pages, le coût des corrections prohibant les interventions considérées comme mineures, tels le déplacement ou la suppression d'une virgule. Aussi s'attachera-t-on à ce que la copie soit correctement ponctuée et débarrassée des fautes, aussi courantes que grossières, qui l'émaillent généralement : virgule séparant les sujets de leurs verbes ou les verbes de leurs compléments, absence de guillemets fermants à la fin d'une citation, phrases exclamatives ou interrogatives non terminées par un point d'exclamation ou d'interrogation, points de suspension après « etc. », tiret avant un point final...

Il n'est évidemment pas question d'ériger la ponctuation en système rigide. Aucun dosage ne commande l'emploi des signes de ponctuation : parmi les auteurs attentifs à l'originalité de leur style, d'aucuns en usent abondamment tandis que d'autres – tels certains poètes modernes – les bannissent de leurs œuvres. Mais il s'agit là du domaine de l'art littéraire, et l'on ne saurait intervenir sans trahir les auteurs, même si les libertés qu'ils prennent paraissent contestables, pas plus qu'on ne peut modifier la ponctuation des œuvres classiques.

EMPLOI DES SIGNES DE PONCTUATION

Pour ce qui concerne les travaux courants et administratifs, et même les travaux littéraires qui n'entrent pas dans la catégorie mentionnée ci-dessus des textes d'auteur, on appliquera les règles d'usage concernant la ponctuation dont les principales sont rappelées ci-après :

Le *point* termine une phrase. Il se confond, le cas échéant, avec les points de suspension. On le supprime dans les titres centrés.

Le *point d'interrogation* doit terminer toute phrase interrogative en style direct. Il subsiste dans les titres centrés.

Le *point d'exclamation* ne doit pas être omis à la fin des phrases exclamatives. On ne le supprimera pas dans les titres centrés. Il doit suivre les interjections : « Enfin ! » « Oh ! » « Hélas ! » « Eh bien ! » Mais on ne ponctuera que la dernière d'une suite d'interjections semblables : « Ah ah ! » « Oh ! la la ! ».

La *virgule* sépare sujets, compléments, épithètes, attributs et propositions de même nature non unis par une conjonction de coordination. Elle isole les mots formant répétition ou mis en apostrophe, les propositions relatives explicatives. On ne séparera pas de leur verbe par une virgule plusieurs sujets, coordonnés ou non, de même que le verbe du complément d'objet, direct ou indirect. Deux « ni » peu éloignés l'un de l'autre ne doivent pas être séparés par une virgule. On ne mettra pas de virgule avant une parenthèse, un tiret ou un crochet, à moins que le crochet annonce une restitution. On fera précéder « etc. » d'une virgule.

Le *point-virgule* s'emploie pour séparer dans une phrase les parties dont une au moins est déjà subdivisée par la virgule, ou pour séparer des propositions de même nature qui ont une certaine étendue. On doit éviter d'en faire un emploi excessif et notamment de l'utiliser là où il faudrait une virgule ou un point.

Le *deux-points* introduit une explication, une citation ou un discours.

Chaque paragraphe d'une énumération introduite par un deux-points, sauf le dernier, se termine par un point-virgule, quelle que soit sa ponctuation interne. Si l'un de ces paragraphes se subdivise à son tour, chaque sous-paragraphe, sauf le dernier, se termine par une virgule :

> Le pistolet automatique de 9 mm, modèle 1950, comporte :
> – un canon ;
> – un bloc culasse ;
> – une carcasse, qui comprend elle-même :
>   – un système d'appui,
>   – un mécanisme de détente,
>   – le logement de la platine et du chargeur ;
> – une platine ;
> – un chargeur.

Si la phrase se poursuit à la suite de l'énumération, le dernier paragraphe de celle-ci comportera une virgule à la place du point-virgule.

On doit éviter, autant que possible, d'employer le *deux-points* deux fois de suite dans la même phrase. On le supprime à la fin des titres centrés.

Les *points de suspension*, qui marquent une suppression, une interruption ou un sous-entendu, s'emploient toujours au nombre de trois. Ils laissent subsister la ponctuation normale (selon le sens, précédant ou suivant celle-ci) excepté le point final d'une phrase ou de certaines abréviations, qui disparaît ou plutôt se trouve confondu avec eux. Dans une citation, les points de suspension indiquant une coupure se mettent généralement entre crochets pour les distinguer des mêmes points imputables à l'auteur. Les suppressions importantes (alinéas entiers) sont signalées par une ligne de points espacés (ou *gros points*) sur toute la justification. On ne doit jamais faire suivre « etc. » de points de suspension.

Les *parenthèses* servent à intercaler dans une phrase une indication, une précision accessoires. Lorsqu'un texte entre parenthèses est composé en deux caractères différents, l'un au début, l'autre à la fin, il faut employer des parenthèses qui soient toutes deux de même caractère, celui du début.

Les *crochets* servent à encadrer une intercalation à l'intérieur d'une parenthèse ou immédiatement après une parenthèse. Dans les citations on les utilise pour signaler les suppressions, pour marquer les restitutions ou pour isoler des ajoutés indispensables au sens qu'on ne veut pas mettre en note.

Dans les références bibliographiques, il est d'usage de placer entre crochets les mentions de lieu et date d'édition lorsqu'elles ne sont pas mentionnées sur l'ouvrage et qu'elles ont pu être établies. En poésie, devant la partie d'un vers n'entrant pas dans la justification, on place un crochet ouvrant et l'on rejette cette partie crochetée dans le blanc du vers suivant.

Les *tirets* (ou *moins*) s'utilisent isolément ou par deux :

– employé seul, le tiret signale chaque terme d'une énumération présentée en sommaire ou même en alinéa ; dans les dialogues, il indique le changement d'interlocuteur ;

– encadrant un ou plusieurs mots, à la façon des parenthèses, les tirets seront préférés à celles-ci chaque fois que l'on désirera séparer du texte une notation sans que la coupure soit trop marquée ; le second tiret sera supprimé avant un point final.

Pour l'emploi de l'*astérisque* on se reportera à la rubrique figurant sous ce titre.

Pour l'emploi des *guillemets, voir* Bibliographie, Citations, Dialogue.

Espacement des signes de ponctuation

En dehors des courtes justifications, pour lesquelles les règles ci-après doivent être nuancées, on se souviendra que :

– la *virgule* et le *point* sont toujours collés au mot précédent ;

– une espace fine doit être placée devant le *point-virgule*, le *point d'exclamation* et le *point d'interrogation* (qui ne seront jamais collés au mot qui précède) ;

– le *deux-points*, le *tiret*, les *guillemets* sont précédés et suivis de l'espace existant entre les mots de la ligne ; toutefois, en ce qui concerne les guillemets, dans le cas d'une citation de plusieurs lignes incluse dans une autre citation, les guillemets ouvrants placés en début de ligne seront suivis d'une espace uniforme d'un demi-cadratin (pour obtenir l'alignement vertical du texte) ;

– les *parenthèses* et les *crochets* ne portent intérieurement aucun blanc ;

– les *points de suspension* :

– remplaçant le début d'un texte, sont suivis de l'espacement normal des mots dans la ligne,

– tenant lieu d'une fin de phrase ou de mot, sont collés à la dernière lettre,

– mis pour un mot unique, sont précédés et suivis de l'espacement normal.

Après un ou plusieurs mots en italique, par exemple un titre d'ouvrage, la ponctuation dite haute (? ! : ;) se compose en romain quand elle appartient au texte.

Le tableau ci-après résume les règles de disposition des espaces avant ou après les signes de ponctuation.

AVANT le signe de ponctuation		APRÈS le signe de ponctuation
	VIRGULE	
pas de blanc	,	espace justifiante
	POINT	
pas de blanc	.	espace justifiante
	POINT-VIRGULE	
espace fine insécable	;	espace justifiante
	POINT D'EXCLAMATION	
espace fine insécable	!	espace justifiante
	POINT D'INTERROGATION	
espace fine insécable	?	espace justifiante
	DEUX-POINTS	
espace mots insécable	:	espace justifiante
	TIRET (moins)	
espace justifiante	—	espace justifiante
	GUILLEMET OUVRANT	
espace justifiante	«	espace mots insécable
	GUILLEMET FERMANT	
espace mots insécable	»	espace justifiante
	PARENTHÈSE OUVRANTE	
espace justifiante	(	pas de blanc
	CROCHET OUVRANT	
espace justifiante	[	pas de blanc
	PARENTHÈSE FERMANTE	
pas de blanc	)	espace justifiante
	CROCHET FERMANT	
pas de blanc	]	espace justifiante

Postface

Commentaire placé en fin d'ouvrage. La postface, contrairement à la préface, est d'un usage assez rare. Les auteurs y ont recours en particulier lorsqu'ils veulent communiquer au lecteur une réflexion ou un complément d'informations survenus après la rédaction ou la composition de l'ouvrage.

Voir aussi Parties d'un ouvrage.

Pourcentage

Les expressions «pour cent», «pour mille» sont habituellement marquées par l'emploi des signes $^{o}/_{o}$ et $^{o}/_{oo}$.

On n'emploiera «p. 100» et «p. 1 000» que sur demande formelle de l'auteur, et en chimie seulement.

Préface

Placée au début d'un livre, elle a pour vocation de présenter l'œuvre et son auteur. N'étant pas – en principe – rédigée par celui-ci, elle se compose en italique.

Voir aussi Parties d'un ouvrage.

Préfecture

Voir Organismes d'État (multiples).

Premier, première

On compose habituellement en toutes lettres l'adjectif numéral ordinal *premier, première* lorsqu'il accompagne dans un titre les termes : acte, article, chant, chapitre, livre, partie, scène, section, titre, tome, volume :

LIVRE PREMIER
PREMIÈRE SECTION

Quand il est cité en référence on l'écrit en chiffres :

Comme il est dit à l'article 1er…

On met Ier et non I après le nom d'un souverain, alors que tous les autres numéros dynastiques sont écrits en nombres cardinaux :

François Ier succéda à Louis XII et eut pour successeur Henri II.

Prénoms

Les prénoms français ou francisés se lient par des traits d'union. Si l'on veut distinguer le prénom usuel, on le compose en italique. La virgule ne doit servir qu'à séparer les prénoms de plusieurs personnes ayant le même nom :

Louis-Charles-*Alfred* de Musset
les frères Jacques-Louis, Guillaume-Charles Grimm

Les prénoms étrangers non francisés, personnels ou patronymiques, s'écrivent sans trait d'union :

Fedor Mikhaïlovitch Dostoïevski
John Fitzgerald Kennedy

Les mêmes règles s'appliquent à leurs initiales :

L.-C.-A. de Musset
F. M. Dostoïevski

Préparation de copie

Quelle que soit la forme sous laquelle un auteur remet un texte à l'imprimeur – manuscrit, dactylographié, imprimé, et même sur bande ou disquette – l'ensemble reçoit le nom de *copie.*

La copie n'est que rarement l'œuvre directe de l'auteur. Entre l'auteur et l'imprimeur sont apparus des intermédiaires : opérateurs de dactylographie, de traitement de textes, de mise en pages qui travaillent, parfois, à plusieurs sur un même ouvrage. Les risques de transcription ou d'interprétation sont alors accrus, d'autant que, faute de temps, l'auteur ne revoit généralement pas la copie et qu'il n'est pas toujours facile à joindre en cas de doute.

Parallèlement, les technologies évoluent : la composition manuelle a pratiquement disparu, pour faire place à des procédés de composition sur claviers qui ne permettent pas à l'opérateur d'hésiter, de réfléchir, de se renseigner, de déchiffrer, sauf à obérer largement le prix de revient de la saisie du texte.

Ces raisons ont conduit les maisons d'édition à créer des bureaux de préparation de copie chargés de transmettre aux ateliers de photocomposition une copie débarrassée le plus possible de ses imperfections et comportant les indications nécessaires à sa bonne présentation sous la forme imprimée. L'opérateur pouvant alors réserver toute son attention à la reproduction fidèle du texte et à la qualité de sa présentation, le travail y gagne en qualité et en rapidité.

Avant d'être acheminée vers les ateliers de saisie des textes, la copie est donc soumise à diverses opérations, notamment :

1. Lorsqu'il s'agit d'une création pour laquelle l'auteur n'a pas donné de directives suffisantes, un spécimen est établi. Ce spécimen sera soumis à

l'auteur. Le choix des feuillets destinés à le constituer doit évidemment être fonction des particularités de l'ouvrage et présenter si possible un échantillon de toutes les configurations typographiques pouvant se rencontrer tant en ce qui concerne les caractères et corps que l'application des règles typographiques en usage dans l'établissement.

Au retour du spécimen, si l'auteur a manifesté des exigences particulières en contradiction avec les règles typographiques courantes, on procède à l'élaboration d'une marche particulière.

2. Foliotage de la copie (c'est-à-dire numérotation de tous les feuillets, le numéro du dernier feuillet étant suivi du signe ×).

3. Extraction des hors-texte (figures, planches, cartes...) pour acheminement vers les ateliers spécialisés et dont une photocopie sera jointe au jeu initial pour préparation des textes que ces feuillets comportent, sans oublier les légendes.

4. Préparation de la couverture, des pages de titres, des tableaux, titres, titres courants, notes et légendes, table des matières, prise de parangonnage, regroupement de passages ou parties disséminés dans l'ouvrage mais devant présenter une uniformité de composition.

5. Vérification de l'importance relative des titres, sous-titres, subdivisions et paragraphes. Unification et cohérence de leur numérotation et des caractères à employer.

Si le travail appartient à une collection, il faut suivre les règles appliquées dans les précédentes livraisons : c'est notamment le cas des périodiques.

6. On entreprend alors une lecture attentive de la copie en prenant note des passages nécessitant un examen particulier de la part de l'auteur, auquel ils seront signalés, accompagnés des suggestions utiles. Au cours de cette lecture on veillera strictement à l'orthographe et aux règles de grammaire et de ponctuation. Une rigoureuse unification sera appliquée dans tous les cas. Pour l'emploi des capitales initiales, on se conformera aux règles exposées dans le présent lexique, à moins d'exigences particulières de l'auteur indiquées dans une marche particulière. Les petites capitales, l'italique, éventuellement le gras, que la dactylographie ne peut faire apparaître, seront signalés par l'emploi des signes conventionnels spécifiés sur le tableau des signes de correction, p. 58-59.

Présentation du texte

Les textes sont généralement composés pour former des lignes justifiées, d'égale longueur, la dernière ligne d'un alinéa formant le plus souvent une «ligne creuse» (n'occupant pas toute la justification).

L'amorce de la première ligne d'un alinéa peut être :

– renfoncée, de un ou plusieurs cadratins : c'est la *composition en alinéa.* Le renfoncement est fonction de la justification et de la force du corps des caractères. Plus important sera le nombre moyen de caractères composant une ligne, plus marqué devra être ce renfoncement (de 1 à 4 fois la largeur d'un M) ;

– alignée ; elle constitue alors avec les autres lignes une *composition en pavé.* Dans ce cas *toutes* les lignes seront justifiées. Le *pavé* ne doit pas comporter de ligne creuse. Cette présentation nécessite un interlignage supplémentaire entre les alinéas pour les distinguer ;

– saillante à gauche par rapport aux lignes suivantes : c'est la *composition en sommaire,* toutes les autres lignes étant renfoncées par rapport à la première. L'importance du renfoncement suit les mêmes principes que dans la composition en alinéa.

Par ailleurs, les lignes n'occupant pas toute la justification (titres ou légendes le plus souvent) peuvent être *centrées* ou se présenter alignées verticalement par la gauche sur la marge gauche de la page, ou verticalement par la droite sur la marge droite de la page. On dira alors qu'elles sont composées *en drapeau, au fer* à gauche ou *en drapeau, au fer* à droite. Dans ce type de composition, les coupures de mots seront proscrites et les rejets à la ligne devront obéir à une certaine logique souvent dictée par le sens. Ainsi on ne séparera pas l'article du substantif, le pronom personnel sujet de son verbe, l'adjectif numéral du nom auquel il se rapporte, etc.

Cette présentation s'impose pour les justifications dans lesquelles le nombre de caractères constituant une ligne, en raison de la faiblesse de corps et/ou de la chasse réduite du caractère, nécessiterait un effort de lecture pour retrouver le début de la ligne suivante.

Cette disposition est aussi utilisée pour la composition de légendes disposées vis-à-vis des illustrations ainsi que pour les notes dites marginales.

Lors de la mise en page, on s'interdira de placer une ligne creuse en haut de page, de laisser en bas de page la première ligne seule d'un alinéa, de terminer une page (du moins une page impaire) sur un deux-points, ou une page impaire sur une coupure de mot. On proscrira également la présence d'un titre en bas de page s'il n'est pas suivi d'au moins trois lignes de texte. De même la dernière page d'un chapitre, d'un livre, etc., devra comporter au minimum six lignes de texte.

Prix

Voir Somme.

Proverbes

Bien que, pour la plupart, on n'en puisse retrouver l'origine, les proverbes doivent être considérés comme des citations. Comme les dictons et maximes, on les mettra de préférence entre guillemets :

> Ne vous en prenez qu'à vous-même : « Qui sème le vent récolte la tempête. »
>
> N'hésitez pas ainsi : « Il n'y a que le premier pas qui coûte. »

Quartier général

Voir Organismes d'État.

Réalisations techniques, créations commerciales (noms de)

Les dénominations attribuées en propre à certaines créations commerciales ou industrielles, que l'on peut rapprocher des titres d'œuvres littéraires ou artistiques, seront composées de préférence en italique, avec des capitales au mot initial ainsi qu'aux substantifs et adjectifs importants :

le diamant *Koh-i-noor*
le parfum *Numéro 5*
la robe *Safari*
le tailleur *Petit Prince*

On traitera de la même façon les noms des réalisations, opérations, programmes de caractère technique, administratif ou militaire :

l'explosion nucléaire *Starfish*
l'opération *Barbarossa*
l'opération *Gemini 10*
l'opération *Overlord*
l'opération *Primevère*
le programme *Airbus*
le programme *Mercury*
le projet *Hermès*

Références des citations

Voir Citations.

Régimes politiques (noms des)

Le nom d'un régime politique, lorsqu'il désigne un pays ou une époque, se compose avec une capitale initiale s'il est employé seul ou accompagné d'un adjectif, celui-ci prenant aussi une majuscule s'il précède le nom :

l'Ancien Régime
le Bas-Empire
la Confédération helvétique
le Consulat
la Deuxième République
le Directoire
l'Empire
l'Empire ottoman
l'Empire romain
le Premier Empire
la Régence
la République française
la Restauration
le Saint-Empire
le Second Empire
le Troisième Reich

Accompagné d'un nom propre (ou d'un équivalent), le nom du régime reste en bas de casse :

l'empire du Milieu	la principauté de Monaco
le grand-duché de Luxembourg	la république d'Irlande
la monarchie de Juillet	le royaume de Belgique

Désignant seulement un régime politique, le nom reste également en minuscule :

l'instauration de la république	le renversement de la royauté
proclamer l'empire	viser à la dictature

Les numéros accompagnant les noms de régimes politiques, quand ils ne seront pas écrits en toutes lettres, seront composés en chiffres romains grandes capitales :

la Ve République	le IIIe Reich

à l'exception de :

Premier Empire, Second Empire

que l'on écrit traditionnellement en toutes lettres à cause de « Second » (il n'y en eut que deux) que l'on ne peut rendre en chiffres.

Régiments (noms de)

Voir Unités militaires.

Régions administratives

La France métropolitaine, depuis la loi du 5 juillet 1972, est divisée administrativement en 22 régions :

Alsace	Île-de-France
Aquitaine	Languedoc-Roussillon
Auvergne	Limousin
Basse-Normandie	Lorraine
Bourgogne	Midi-Pyrénées
Bretagne	Nord - Pas-de-Calais
Centre	Pays de la Loire
Champagne-Ardenne	Picardie
Corse	Poitou-Charentes
Franche-Comté	Provence - Alpes - Côte d'Azur
Haute-Normandie	Rhône-Alpes

Régions militaires

Les régions militaires portent un numéro que l'on composera en chiffres romains grandes capitales :

Bordeaux est le siège de la IVe région militaire.

Religions

Voir Doctrines.

Renfoncements

Voir Présentation du texte *et* Sommaire.

République, royaume

Voir Pays *et* Régimes politiques.

Revues (noms de)

Voir Titres d'œuvres et de journaux.

Romans (titres de)

Voir Titres d'œuvres et de journaux.

Rues (noms de)

Les mots tels que *rue, place, boulevard* se composent en bas de casse. Les noms, les adjectifs et les verbes qui individualisent ces noms communs d'espèce prennent toujours une capitale initiale. Dans une dénomination composée, tous les éléments, à l'exception de l'article initial, sont liés par des traits d'union (sauf dans les adresses postales qui sont soumises aux règles du Code postal). On ne met pas la préposition « de » *immédiatement* devant un nom propre de personne.

l'avenue La Motte-Picquet
l'avenue de la Porte-des-Lilas
la place Rouge
le pont Neuf, le pont Royal
la rue du Chat-qui-Pêche
la rue Eugène-Sue
la rue du Faubourg-Poissonnière
la rue du Général-Niox
la rue Neuve-des-Boulets
la rue du Général-de-Gaulle

Remarque. – On notera les expressions :

le Boulevard, les Boulevards *ou* les Grands Boulevards
le boulevard du Crime
les Boulevards extérieurs *ou* les boulevards des Maréchaux
le Boulevard périphérique

Les nombres figurant dans un nom de rue se composent :

– en chiffres romains grandes capitales quand ils font partie du nom d'un souverain :

l'avenue Pierre-Ier-de-Serbie
le boulevard Henri-IV

– en chiffres arabes quand ils indiquent une date historique :

la rue du 4-Septembre
la place du 25-Août-1944

– en toutes lettres dans les autres cas :

l'impasse des Trois-Visages
le passage des Quatre-Voleurs

Saint

Ce mot s'écrit avec une minuscule :

– quand il désigne le personnage lui-même :

le saint, un saint, saint Louis, la fête de saint Nicolas

– quand il est employé comme simple adjectif :

l'Écriture sainte	la sainte Bible
les Lieux saints (la Palestine)	la sainte Église
la Semaine sainte	la sainte Famille
la Terre sainte (la Palestine)	la sainte messe
le Vendredi saint	le saint sacrement
la Ville sainte	la sainte table

– quand il fait partie de noms communs composés (avec trait d'union) :

des saint-bernard	des saint-honoré
des saint-cyriens (élèves-officiers)	des saint-simoniens
du saint-émilion	des saint-paulin

Il prend la majuscule :

– quand il entre dans la composition de noms propres (avec trait d'union) de personnes, de lieux (et de leurs habitants), de monuments, de rues, de fêtes et d'ordres :

le duc et le comte de Saint-Simon
les Saint-Cyriens, habitants de Saint-Cyr
l'église Sainte-Sophie, la Sainte-Chapelle
la place Saint-André-des-Arts
la Saint-Nicolas, les feux de la Saint-Jean
l'ordre de Saint-Michel, la croix de Saint-André

– dans certaines expressions traditionnelles historiques ou religieuses :

la Sainte-Alliance
le Saint-Empire
le Saint-Office
le Saint-Siège
le Saint-Esprit
la Sainte-Trinité

On notera aussi les graphies suivantes :

la Sainte Vierge (surnom), le saint-père (le pape), des saintes nitouches

Le mot « saint » ne s'abrège, en français, qu'exceptionnellement, dans les noms propres (fréquence du mot, exiguïté de la justification) et sous les formes « St » et « Ste ».

Salon

Voir Manifestations artistiques, commerciales, sportives.

Scène

Dans une pièce de théâtre, la scène est une subdivision de l'acte. Elle comporte un numéro que l'on compose en chiffres romains petites capitales :

Deux personnages sont en présence à la scène III de l'acte III.

Second

Voir Deuxième.

Secrétariat d'État

Voir Organismes d'État (multiples).

Section

Désignant une subdivision d'ouvrage, la section porte un numéro que l'on compose en chiffres romains grandes capitales :

> Sur ce sujet, consultez la section III du livre II.

Service (organisme)

Voir Organismes d'État (multiples).

Siècle

On compose en chiffres romains petites capitales les numéros des siècles :

> À partir du milieu du IIIe siècle av. J.-C., Rome entreprend une série de guerres qui la conduiront à la domination du monde méditerranéen.

Le mot *siècle* prend une capitale initiale dans les expressions telles que :

> le Grand Siècle
> le Siècle des lumières
> le Siècle des philosophes

On veillera à l'accord de *siècle* dans les cas suivants :

> Xe et XIe siècles, les Xe et XIe siècles
> le Xe et le XIe siècle (c.-à-d. le Xe siècle et le XIe siècle)
> Xe-XIe siècles (au sens de Xe et XIe siècles)
> Xe-XIe siècle (au sens de Xe ou XIe siècle)
> Xe-XIIe siècle (c.-à-d. du Xe au XIIe siècle)

Sigles

Les sigles sont des groupes de lettres désignant certains organismes dont le nom comporte plusieurs mots. Ils sont formés de la première ou des premières lettres ou encore de la première syllabe de chacun des constituants ou des plus importants.

En ce qui concerne leur écriture, la seule unification possible et applicable à tous les cas est l'emploi de lettres capitales sans points; outre le cas de nombreux sigles de formation syllabique excluant la présence de points, ceux qui pourraient en comporter n'en sont qu'inutilement et inesthétiquement allongés.

On écrira donc :

AFNOR (Association Française de NORmalisation)
CEDEX (Courrier d'Entreprise à Distribution EXceptionnelle)
CODER (COmmission de Développement Économique Régional)
RATP (Régie Autonome des Transports Parisiens)
CNES (Centre National d'Études Spatiales)

On notera que certains sigles très répandus et de prononciation aisée (acronymes) peuvent se composer en bas de casse avec capitale initiale :

Benelux (sans accents), Euratom, Unesco

NOTA. – Si l'on peut appliquer à certaines abréviations les principes exposés ci-dessus, ce serait une erreur que de vouloir supprimer systématiquement les points chaque fois qu'on rencontre une abréviation sous la forme de lettres capitales.

Signature des feuilles et cahiers

Un volume est constitué par un assemblage de feuilles pliées en cahiers.

La signature, numéro d'ordre d'assemblage de chaque cahier, peut être placée dans la ligne de pied de la première page du cahier, mais elle est, le plus souvent, imprimée soit sur le pli de tête du cahier, soit sur les bords du papier, de façon à disparaître avec les chutes après mise au format définitif.

Lorsque les signatures sont laissées apparentes sur l'ouvrage fini, elles ne devront jamais figurer au bas des pages blanches ou des pages de titre.

Une lettre minuscule italique sera utilisée pour la ou les feuilles de début d'un ouvrage (dites alors feuilles de lettres) occupées par les parties annexes du volume lorsque leurs pages sont numérotées en chiffres romains.

Par contre, les feuilles de texte, qui constituent le corps de l'ouvrage, seront marquées par un chiffre arabe.

Dans l'un et l'autre cas, le verso de la feuille sera signalé par un point qui viendra s'ajouter à la signature.

Dans le cas de cahiers superposés, on distinguera les feuilles ou fractions de feuille encartées dans un même cahier par une lettre petite capitale placée après le chiffre du cahier : 1, 1A, 1B, 1C.

Signatures et signataires

Le nom du signataire, sa qualité et les mentions accessoires figurant au bas d'une lettre ou d'un document officiel tel que loi, décret, note, circulaire sont soumis, en ce qui concerne leur écriture et leur emplacement, à certaines règles d'usage.

SIGNATAIRE UNIQUE

Le nom du signataire se compose de préférence en romain petites capitales, avec grande capitale initiale, *le prénom* en bas de casse.

Les *fonctions, qualités et titres* du signataire se mettent ordinairement en italique quand le texte est en romain et *vice versa.*

Les autres mentions figurant avant ou après la signature, comme :

Lu et approuvé :	Pour le ...
Par empêchement de ...	Pour le ... et par autorisation :
par intérim *ou* p. i.	Pour le ... et par délégation :
par ordre *ou* p. o.	Signature :
Pour ampliation :	Signé :
Pour copie conforme :	Signé : Illisible

et pour lesquelles un corps inférieur est quelquefois souhaitable, restent en romain bas de casse suivi des deux-points.

Toutes les lignes concernant la signature se placent *au milieu de la ligne la plus longue,* celle-ci étant «appuyée» à droite à un cadratin du bord de la justification.

Toute ligne dépassant les deux tiers de cette justification doit être fractionnée :

– soit en deux lignes centrées;

– soit en trois lignes ou plus, disposées en sommaire,

et ce, en respectant la règle précédente :

Pour le secrétaire d'État auprès du Premier ministre,
chargé de la Fonction publique et des Réformes
administratives, et par délégation :
Le directeur général de l'Administration
et de la Fonction publique,
F. GREVISSE.

PLURALITÉ DE SIGNATAIRES

En cas de signatures multiples, les indications ci-dessus demeurent valables, compte tenu des remarques suivantes :

1. Si l'un des signataires l'emporte hiérarchiquement sur les autres, son nom pourra être composé en grandes capitales et son prénom en petites capitales (avec grande capitale initiale);

2. La ligne «Par le ... :» qui sépare le nom du signataire principal de ceux des signataires secondaires se place, en caractères romains, au centre de la justification;

3. Les lignes concernant le premier signataire (principal ou non) sont appuyées à droite, comme pour le signataire unique. Celles relatives au deuxième signataire sont appuyées à gauche (la plus longue étant renfoncée d'un cadratin à gauche). La troisième signature sera traitée comme la première, la quatrième comme la deuxième et ainsi de suite :

Fait à Paris, le 22 janvier 1947

VINCENT AURIOL.

Par le Président de la République :

Le président du Conseil des ministres,
Paul RAMADIER.

Le garde des Sceaux,
ministre de la Justice,
André MARIE.

Le ministre du Travail et de la Sécurité sociale,
Ambroise CROIZAT.

Le ministre de la Jeunesse, des Arts et des Lettres,
Pierre BOURDAN.

Sociétés (noms de)

SOCIÉTÉS FRANÇAISES

Les noms de sociétés, associations, centres, comités, compagnies, établissements, instituts, offices, ordres professionnels, syndicats, etc., prennent une capitale initiale au premier mot faisant *indiscutablement* partie de la raison sociale. Si ce premier mot est un article ou un adjectif, le nom qui suit porte également une majuscule.

On notera que les termes mêmes de « société », « association », etc., qui sont par nature des noms communs d'espèce, ne sont pas nécessairement compris dans la raison sociale; c'est ainsi qu'ils resteront en bas de casse quand ils seront suffisamment individualisés par un nom propre ou un équivalent :

l'agence Havas
l'association Les Amis de la nature
l'Association nationale de la presse mutualiste
la banque Rothschild
la Banque industrielle du Nord
le club Jean-Moulin
l'Automobile Club de France
le Jockey Club
la compagnie Air France
la Compagnie des eaux
la Compagnie générale transatlantique
la compagnie d'assurances L'Urbaine et la Seine

l'institut Pelman
l'Institut français de photographie
la maison de la culture de Caen
l'observatoire de Nançay
l'Ordre national des pharmaciens
mais : l'ordre des pharmaciens
la société Allard et Fils
la société anonyme des Nouvelles Galeries de Blois
la société civile immobilière Integra
la société La Grande Maison de blanc
la Société protectrice des animaux
la Société générale
la Société de Jésus
la SARL Europ-Impex
le syndicat d'initiative de Tours
le Syndicat national des instituteurs

REMARQUE. – Les sigles des sociétés, associations, compagnies, etc., seront composés en grandes capitales collées sans points. Les sigles longs mais « prononçables » s'écriront de préférence en bas de casse avec capitale initiale :

SPA, SNCF, Saviem, Snecma, Sofirad...

SOCIÉTÉS ÉTRANGÈRES

Les noms des sociétés et organismes étrangers sont composés en romain (dans le romain) avec capitale initiale aux substantifs et aux adjectifs. Leurs sigles suivent les mêmes règles qu'en français (voir la remarque précédente) :

l'Aramco, la société Badische Anilin & Soda-Fabrik (la BASF), la Fiat, la General Motors, la Minnesota Mining & Manufacturing Co. (la 3M), la Royal Dutch, la TWA

Sommaire

En typographie, ce mot a deux significations :

1. Un sommaire est un abrégé contenant la substance d'un chapitre ou d'un volume. On le place en tête du chapitre ou du volume.

Quand la pagination est mentionnée, le sommaire tient lieu de table des matières.

2. Composer en sommaire, c'est composer la première ligne d'un paragraphe sur toute la justification et rentrer les lignes suivantes. La valeur de ce renfoncement varie selon la justification comme pour la composition en alinéa qui est le procédé inverse.

Voir aussi Présentation du texte.

Somme

Les nombres s'appliquant à des quantités monétaires se composent habituellement en chiffres arabes dans les ouvrages courants :

> Un acompte de 2 500 francs fut versé sur les 6 000 francs qui nous étaient réclamés.

Spécimen

Modèle(s) donnant un échantillonnage des caractéristiques respectives : caractères, corps, empagement (disposition du texte, des notes, des titres, etc., sur le feuillet) proposées pour la fabrication d'un ouvrage. L'acceptation du spécimen entraîne l'accord du client sur les règles contenues dans ce lexique, sauf indications contraires de sa part.

Voir aussi Préparation de copie.

Style (en art)

Le qualificatif prend une initiale capitale lorsqu'il désigne une époque :

une chaise Directoire	une décoration Modern Style
un mobilier Empire	un objet Art nouveau

mais une initiale bas de casse lorsqu'il représente un genre artistique :

une décoration rococo	une chapelle romane
une église baroque	une cathédrale gothique

Surnoms

Les surnoms, c'est-à-dire les noms ajoutés ou substitués à certains noms propres et adoptés par l'usage, prennent des capitales aux substantifs et aux adjectifs qui les composent.

SURNOMS HISTORIQUES OU LÉGENDAIRES

Charles le Téméraire	le Prince Charmant
les Dix Mille	le Prince Noir
les Douze	le Prince-Président
les Grands	Richard Cœur de Lion
les deux Grands	le Roi-Sergent
Guillaume le Conquérant	le Roi-Soleil
Jean sans Peur	le Roi Très Chrétien
Jean sans Terre	saint Jean Baptiste
Louis le Bien-Aimé	la Sainte Vierge
Philippe Auguste	le Tigre
le Premier Consul	le Vert Galant

SURNOMS GÉOGRAPHIQUES

l'Arabie Heureuse	la Côte Vermeille
l'Asie Mineure	la Grande Île
la Costa Brava	le Grand Nord
la Costa del Sol	l'île de Beauté
la Côte d'Argent	l'Ancien Monde
la Côte d'Azur	le Nouveau Monde
la Côte d'Émeraude	le Tiers Monde
la Côte Fleurie	la Riviera
la Côte d'Opale	la Ville Éternelle
la Côte Sauvage	la Ville Lumière

Ne doivent être considérées comme des surnoms ni les épithètes poétiques, et spécialement homériques, souvent accolées à certains noms propres, ni les simples périphrases :

Achille aux pieds légers	le vainqueur de Rocroi
l'Aurore aux doigts de rose	le roi des oiseaux

Symbole

Voir Allégorie.

Symboles

La loi du 14 janvier 1948, suivie de plusieurs décrets d'application, impose des règles pour l'écriture des chiffres et des symboles. L'Association française de normalisation (AFNOR) en publie les listes et mises à jour. Il faut donc utiliser exclusivement les symboles normalisés légaux pour abréger les noms de monnaies, d'unités de mesures, leurs multiples et sous-multiples, pour exprimer les abréviations en mathématiques, les éléments en chimie, etc.

Deux règles absolues sont à signaler concernant l'écriture de ces abréviations légales : elles ne prennent pas la marque du pluriel et s'écrivent sans point final.

Syndicats

Voir Sociétés.

Tableaux (noms de)

Voir Titres d'œuvres et de journaux.

Tables

Elles peuvent s'établir d'après la copie. On réserve les folios que l'on bloque par trois zéros, en attendant de connaître le folio définitif fourni par le bon à tirer.

Taux

On généralisera l'emploi des signes %, ‰ pour indiquer les taux d'intérêt :

acheter de la rente à 5 %
émettre un emprunt à 6,25 %
prélever un droit de 1 ‰

Employé substantivement, ce taux d'intérêt se compose en lettres :

acheter du trois pour cent

Téléphone

Les numéros se composent de 4 groupes de chiffres séparés par un blanc, sans point ni tiret :

40 58 30 00 et (16) 1 40 58 30 00 pour les appels de la province vers Paris

Température

Voir Degrés.

Temps

Voir Durée.

Textes épistolaires

Voir Lettres citées.

Textes politiques (lois, décrets, édits, etc.)

Les mots *loi, décret, édit,* etc., s'appliquant à des textes historiques, se composent en bas de casse, lorsqu'ils sont suivis d'un déterminatif ; celui-ci prend généralement une capitale initiale :

l'édit de Tolérance
la loi du Maximum
la loi de Séparation
l'édit de Nantes

Certaines dénominations, qui restent traditionnellement en caractères romains, sont de véritables noms propres :

l'Acte additionnel	les Droits de l'homme
le Code de Hammourabi	les Institutes de Justinien
le Code Napoléon	la Loi des Douze Tables
la Déclaration des droits	les Dix Commandements

Le mot *Constitution,* désignant avec précision la loi fondamentale d'une nation, s'emploie avec une capitale initiale :

la Constitution de l'an III
la Constitution civile du clergé
la Constitution de 1958
la Constitution de Weimar

mais on écrira :

les constitutions écrites
les constitutions coutumières

Théâtre

Voir Acte, Dialogue, Scène, Titres d'œuvres et de journaux.

Titre (faux titre, etc.)

La couverture d'un volume indique, en principe :

– le nom de l'auteur ;
– le titre de l'ouvrage ;
– le nom de l'éditeur.

Le faux titre (au recto du feuillet qui précède le titre) comporte la mention succincte du titre (et éventuellement du sous-titre).

La page de titre mentionnera :

– le nom de l'auteur ;
– ses titres et qualités ;
– le titre de l'ouvrage ;
– son sous-titre éventuellement ;
– le nom du traducteur s'il y a lieu ;
– le nom du préfacier, du présentateur, du commentateur... ;
– le nom de l'auteur de la notice ;
– le nom de l'illustrateur ;
– le numéro de l'édition ;

– le nom de l'éditeur ou le nom de l'imprimeur lorsque celui-ci est l'éditeur ;

– l'année de parution ;

– éventuellement l'intitulé de la collection dans laquelle prend place l'ouvrage (en haut de page).

Titre courant

Mention qui se retrouve en tête de chacune des pages d'un ouvrage et qui est destinée à faciliter la consultation ou les recherches.

Le folio trouve souvent sa place sur la même ligne, au bord de la marge extérieure.

On rencontre ordinairement le titre du volume ou de la partie de volume sur les pages de gauche (paires) et le titre du chapitre sur celles de droite (impaires). Mais on peut trouver aussi à gauche le chapitre et à droite les subdivisions de chapitre. De toute façon, les titres courants doivent refléter le plan de l'ouvrage.

Les pages de titres, la première page d'une préface, d'un avant-propos, d'une table des matières, d'un chapitre s'il est présenté en belle page, ne porteront ni titre courant ni folio.

Par contre, lorsque les parties annexes d'un ouvrage (préface, avant-propos, table des matières, etc.) s'étendent sur plusieurs pages, un titre courant mentionnant leur objet figurera aussi bien sur leurs pages de gauche que sur leurs pages de droite.

On compose habituellement le titre courant :

– soit en petites capitales du caractère utilisé pour le texte ;
– soit en grandes capitales du même caractère mais d'un corps inférieur ;
– soit en bas de casse italique.

Un filet sépare parfois du texte le titre courant.

Titres d'œuvres et de journaux

Les noms propres d'œuvres littéraires (romans, pièces de théâtre, poèmes, essais, etc.) ou artistiques (peintures, sculptures, compositions musicales, etc.), de journaux ou de revues cités dans un ouvrage reproduisent en principe exactement la dénomination choisie par l'auteur ou le fondateur. Pour en marquer l'authenticité, on composera ces noms en *italique* (dans un texte en romain et *vice versa*).

Chaque appellation appartenant en propre à une œuvre ou à une publication recevra une *capitale initiale* – au moins à son premier mot.

L'application de ce double principe (italique et majuscules) peut présenter des difficultés lorsque le nom propre est précédé de l'article et qu'il est constitué de plusieurs termes.

CARACTÈRE DE L'ARTICLE DÉFINI INITIAL

L'article défini précédant le nom propre de l'œuvre ou du journal ne se met *en italique* et ne prend une majuscule que s'il fait *indiscutablement* partie du nom et n'est pas modifié (c'est-à-dire traduit ou contracté) :

La Marseillaise
Les Misérables
Le soleil se lève aussi
The Daily Telegraph
Le Joyeux Joueur de luth
Le Prince Igor
Le Monde

Inversement, reste en romain et en bas de casse l'article défini qui n'appartient pas au titre réel, qui est traduit ou qui est contracté :

l'*Iliade* et l'*Odyssée*
un article du *Spiegel*
l'auteur du *Rouge et le Noir*

Devant un *titre abrégé*, l'article se compose toujours en romain :

le *Barbier* et le *Mariage*
les *Rêveries*
le *Canard*

Dans un *titre en deux parties* séparées par la conjonction « ou », l'article défini précédant la seconde partie reste en italique mais perd la majuscule :

Julie ou la Nouvelle Héloïse
La Répétition ou l'Amour puni

EMPLOI DES CAPITALES (en dehors des noms propres)

Premier cas : le titre ne commence pas par l'article défini.

Le mot initial prend seul la majuscule :

À la recherche du temps perdu
Autant en emporte le vent
Chansons des rues et des bois
Ces dames aux chapeaux verts
De l'esprit des lois
Mes aventures alpines
Une saison en enfer

Second cas : le titre commence par l'article défini.

On mettra une majuscule à l'article initial seulement :

– dans les titres formant phrase :

La guerre de Troie n'aura pas lieu
Les dieux ont soif
Le roi s'amuse
Le soleil se lève aussi

– dans les titres d'ouvrages spécialisés (érudition, technique, etc.) et dans les titres d'articles de journaux ou de revues :

Le problème du devenir et la notion de la matière dans la philosophie grecque
La naissance de la philosophie à l'époque de la tragédie grecque
« L'épreuve de français aux grands concours scientifiques », *L'Éducation,* n° 17
«Le métier de sociologue», *Revue française des Affaires sociales,* n° 45

On mettra une majuscule non seulement à l'article initial mais aussi :

– dans un titre contenant une comparaison ou une symétrie, à chaque terme en opposition ou en parallèle si l'un d'eux exige la majuscule :

La Belle et la Bête
Le Diable et le Bon Dieu
Dom Juan ou le Festin de pierre

– dans les autres titres, au premier substantif (ainsi qu'aux adjectifs et adverbes qui peuvent le précéder) :

Les Très Riches Heures du duc de Berry
Les Plus Belles Années de notre vie
Les Liaisons dangereuses
Le Jour le plus long
La Bonne Pipe
Le Dernier Jour d'un condamné
La Nouvelle Revue française
Le Petit Chaperon rouge

TITRES DOUBLES

Si le titre comprend un autre titre ou une variante, les règles précédentes s'appliquent aux deux titres séparément (avec la réserve déjà signalée concernant l'article initial du second titre) :

Critique de l'École des femmes
Le Mariage de Figaro ou la Folle Journée
Knock ou le Triomphe de la médecine
Émile ou De l'éducation

TITRES SUCCESSIFS

Si deux titres se suivent, dont l'un est une partie, un chapitre ou un article et l'autre un ouvrage, un recueil ou une revue, on devra les distinguer clairement :

– en composant le premier (la partie ou l'article) en romain entre guillemets, le second (l'ouvrage ou le périodique) en italique :

Victor HUGO, « Les Pauvres Gens », *La Légende des siècles...*
DUVAL R., « Le téléphone », *Revue des PTT de France...*

– ou (moins préférablement) en composant les deux titres en italique et en intercalant entre eux les mots « dans » ou « in » en romain :

Victor HUGO, *Les Pauvres Gens,* dans *La Légende des siècles...*
DUVAL R., *Le téléphone,* in *Revue des PTT de France...*

TITRES EN ROMAIN

On compose traditionnellement en romain (avec l'article en bas de casse) :

– *les noms des codes* et recueils semblables (mais non leurs subdivisions);

le Code civil, *Des contrats*
le Code Napoléon
le Codex
le Décalogue
les Institutes
la Loi des Douze Tables

– *les intitulés d'actes officiels* (conventions, lois, décrets, etc.) :

la convention de La Haye
la loi du Maximum

– *les noms des livres dits sacrés :*

la Bible
le Coran
l'Ecclésiaste
l'Évangile selon saint Luc

– les désignations de *thèmes ou sujets traditionnels* (notamment en peinture) quand ils ne constituent pas des titres réels :

la Crucifixion
une Descente de croix

Titres intérieurs

Voici la hiérarchie des titres utilisables éventuellement dans la composition d'un ouvrage :

tome ou volume;
livre;
partie;
titre;

sous-titre ;
chapitre ;
sous-chapitre ;
section ;
sous-section ;
article ;
paragraphe ;
alinéa ;
– (moins).

Subdivisions classiques applicables aux titres ci-dessus :
I. II. III. ...
A. B. C. ...
1. 2. 3. ...
a. b. c. ...
1° 2° 3° ...
– – – (moins)

Sont quelquefois employées comme subdivisions :
– les lettres de l'alphabet grec ;
– les lettres minuscules suivantes (en romain) : i. ii. iii. iv. v. vi. vii...

Système numérique international :
1.
1.1.
1.1.1.
1.2.
1.2.1.
1.2.2.
. . . .
11.1.
11.1.1.

Tome

Voir Livre.

Tout

Expressions sans trait d'union :

tout à coup	les tout premiers	tout de suite
tout à fait	tout au début	tout d'un coup
tout à l'heure	tout au plus	tout plein
la toute enfance	tout de même	tout un chacun

Expressions avec trait d'union :

le tout-à-l'égout	la toute-puissance	tout-puissant(s)
le Tout-Paris	toute(s)-puissante(s)	tout-terrain
les tout-petits	le Tout-Puissant	le tout-venant

Expressions avec «tout» singulier ou pluriel :

à toute heure	de toute manière	en toute chose
à toute force	de tout temps	en toute saison
à tout hasard	de tous côtés	en toutes lettres
à tout prix	de toutes pièces	en tous sens
à tout propos	de toute part	en tout temps
à tous égards	de toutes parts	en tous temps
à tous crins	de toute sorte	pour toute raison
à tout moment	de toutes sortes	pour toutes raisons
à tous moments	de toute façon	toutes proportions gardées
à toutes jambes	en tout cas	toute affaire cessante
à toute vitesse	en tout genre	toutes affaires cessantes
contre toute attente	en tout lieu	toutes choses égales
de toute façon	en tout point	toutes voiles dehors
de tout genre	en toute occasion	tout compte fait

Traductions dans les citations

Voir Citations *et* Étrangers (emploi de mots).

Trains (noms propres de)

Voir Véhicules.

Traités, alliances, conventions, etc.

Déterminés par un nom propre, ces mots s'écrivent en lettres minuscules; employés seuls ou accompagnés d'un adjectif, ils prennent une capitale initiale (ainsi que l'adjectif, s'il est placé avant le nom) :

les accords d'Évian	la convention de La Haye
les Alliés contre l'Axe	l'Entente cordiale
le Commonwealth	la ligue d'Augsbourg
la Communauté	le Marché commun

le Pacte atlantique
le pacte Briand-Kellogg
le pacte de Varsovie
la paix des Dames
la Sainte-Alliance
le traité de Versailles
la Triple-Entente
la Triplice

Tribunal

Voir Organismes d'État.

Trigonométrie

Voir Mathématiques.

Unité de compte européenne (Ecu)

Il ne semble pas exister de texte officiel réglementant la graphie de cette unité de compte monétaire européenne (*European Currency Unit*). Le *Journal officiel des Communautés européennes* écrit Ecu, pluriel Ecus, avec capitale initiale non accentuée.

Unités de mesure

Les unités de mesures légales en France font l'objet du décret n° 61-501 du 3 mai 1961 modifié par les décrets n° 66-16 du 5 janvier 1966, n° 75-1200 du 4 décembre 1975, n° 82-203 du 26 février 1982 et n° 85-1500 du 30 décembre 1985 [1].

Ces textes rendent *obligatoire* l'utilisation du système métrique décimal à sept unités de base, appelé « système international d'unités (SI) ». Ils abrogent les lois et décrets antérieurs pris en cette matière.

Le décret n° 75-1200 du 4 décembre 1975 énumère, en son article 2, les *unités de base :*

- le mètre, unité de longueur ;
- le kilogramme, unité de masse ;
- la seconde, unité de temps ;
- l'ampère, unité d'intensité de courant électrique ;
- le kelvin, unité de température thermodynamique ;
- la mole, unité de quantité de matière ;
- la candela, unité d'intensité lumineuse,

1. Pour complément d'information, se reporter à la brochure n° 1194 publiée par le *JO*.

et donne la liste des *unités supplémentaires* (art. 3) et des *unités hors système* (art. 4) qui constituent les seules unités légales. Le tableau ci-dessous donne la liste alphabétique de ces unités ainsi que de celles, non légales, qui sont encore utilisées. Dans la colonne « Observations », on trouvera des précisions concernant la grandeur mesurée, le système concerné (CGS, MKS...), le domaine d'utilisation et des équivalences. Les multiples et sous-multiples (même ceux très fréquents comme km, dl, ha...) n'y figurent pas puisqu'un autre tableau en donne le mode de formation. Les unités du système international (SI) sont en gras.

Unité	Symbole	Observations
ampère	A	SI – intensité électrique
angström	Å	non légale – longueur = 10^{-10} m; on conseille plutôt nm ou µm
année civile	a	
année lumière (ou de lumière)	a.l.	longueur – astronomie
are	a	SI – surfaces agraires = 10^2 m²
atmosphère	atm	non légale – pression
bar	bar	SI – pression = 10^5 Pa
baril de pétrole	bbl	capacité des réservoirs = 159 l
barn	b	section efficace = 10^{-28} m² – physique nucléaire
barye		CGS – pression = 10^{-1} Pa
baud		vitesse – télégraphie = 1 point Morse/s (trait Morse = 3 bauds)
becquerel	Bq	SI – activité radioactive – durée = s^{-1}
bel	B	intensité sonore
biot		CGS – intensité électrique = 10 A
bit (binary digit)		informatique
bougie		ancienne unité – intensité lumineuse = 1,018 candela
calorie	cal	non légale – ancienne unité d'énergie – la kcal est parfois appelée grande calorie (Cal); les valeurs diététiques sont exprimées en grandes calories ou kJ
candela	cd	SI – intensité lumineuse – substantif féminin
carat métrique		masse – joaillerie = 2×10^{-1} g
cheval-vapeur	ch	≈ 735 W
cheval-vapeur	CV	puissance fiscale
coulomb	C	SI – charge électrique
curie	Ci	radioactivité – on lui préfère le becquerel
debye	D	moment électrique
degré	°	SI – angle
degré alcoométrique	°GL	remplacé par kg.m^{-3}

Unité	Symbole	Observations
degré Baumé	°B	non légale – concentration
degré Celsius	°C	température
degré Fahrenheit	°F	température
degré géographique	°	astronomie et navigation = 1/360 du méridien terrestre, soit en moyenne 111,111 km
dioptrie	δ	SI – vergence
dyne	dyn	non légale – CGS – force = 10^{-5} N
électronvolt	eV	énergie
erg	erg	CGS – énergie = 10^{-7} J
farad	F	SI – capacité électrique
fermi	fm	synonyme de femtomètre = 10^{-15} m; bien adaptée au domaine nucléaire
franklin	Fr	CGS – charge électrique
frigorie	fg	non légale – quantité de chaleur
gal	Gal	CGS – accélération due à la pesanteur = 10^{-2} m.s^{-2} – géodésie – géophysique
gamma	γ	champ magnétique = 10^{-9} T = 10^{-5} gauss
gauss	G	CGS – champ magnétique = 10^{-4} T
gilbert	Gb	CGS
grade	gr *ou* gon	SI – angle
gramme	g	SI – masse
gray	Gy	SI – dose absorbée
henry	H	SI – inductance
hertz	Hz	SI – fréquence
heure	h	SI – temps
joule	J	SI – énergie
jour	d *ou* j	SI – temps = 86 400 s
kayser	k	nombre d'ondes – spectroscopie = 100 m^{-1}
kelvin	K	SI – température thermodynamique
lambert		CGS – luminance – dérivée du stilb = 1/π stilb
langley	Ly	intensité énergétique
litre	l *ou* L	SI – volume = 10^{-3} m^{3} – symbole L si confusion possible entre l et 1
lumen	lm	SI – flux lumineux
lux	lx	SI – éclairement lumineux
mach		vitesse supersonique = 340 m/s
maxwell	Mx	CGS – flux magnétique = 10^{-8} Wb
mètre	m	SI – longueur
micron	μ	déconseillée, = 10^{-6} m
mille		distance – navigation maritime ou aérienne = 1 852 m
minute d'angle	′	SI
minute	min	SI – temps – symbole m possible si aucune ambiguïté

Unité	Symbole	Observations
mole	mol	SI – quantité de matière
neper	Np	intensité sonore = 8,686 dB
newton	N	SI – force – le daN a l'avantage d'être peu différent de l'ancien kg force (unité déconseillée)
nit	nt	SI – luminance
nœud		vitesse linéaire = 1 mille marin/h – autorisée seulement en navigation maritime ou aérienne
octet		informatique
œrsted	Oe	CGS – intensité de champ magnétique
ohm	Ω	SI – résistance électrique
osmol		densité particulaire – biophysique
parsec (parallaxe-seconde)	pc	distance – très utilisée en astronomie
pascal	Pa	SI – pression = 1 $N.m^{-2}$
phone		puissance sonore – 0 phone : seuil d'audibilité 130 phones : seuil de douleur
phot	ph	CGS – éclairement = 1 lm/cm^2 = 10^4 lx
pièze	pz	MTS – pression = 10^3 Pa
poise	P	CGS – viscosité dynamique = 1 Pl/10
poiseuille	Pl	MKS – viscosité dynamique
quintal	q	non légale – masse = 10^2 kg
rad	rd	dose absorbée sous forme de rayonnement = 10^{-2} Gy
radian	rad	SI – angle plan
rem (röntgen equivalent man)		dose radioactive reçue par un homme
reyns		viscosité dynamique
rœntgen *ou* röntgen	R	exposition aux rayonnements ionisants
rydberg	Ryd	énergie – physique atomique
savart		musique – écart de hauteur entre deux sons – l'octave = 301 savarts
seconde d'angle	″	SI
seconde	s	SI – temps
siemens	S	SI – conductance électrique = 1 Ω^{-1}
sievert	Sv	SI – équivalent de dose = 10^2 rem
stéradiant	sr	SI – angle solide
stère	st	mesure de bois = m^3
sthène	sn	MTS – force = 10^3 N
stilb	sb	ancienne unité de luminance = 10^{-4} cd/m^2
stokes	St	CGS – viscosité cinématique = 10^{-4} $m^2.s^{-1}$
tesla	T	SI – champ magnétique
tex	tex	SI – masse linéique – fibres textiles et fils = 1 g /km

Unité	Symbole	Observations
thermie *ou* mégacalorie	th	non légale = 10^6 cal
tonne	t	SI – masse = 10^3 kg
tonne équivalent charbon	tec	
tonne équivalent pétrole	tep	
torr		pression (de 1 mm de mercure) = 133,32 Pa
tour	tr	SI – angle plan = 2 π rad
unité de masse atomique	u *ou* u.m.a.	vaut 1/12 de la masse de l'atome de ^{12}C
unité astronomique	UA	très voisine de la distance moyenne Terre-Soleil
unité X		mesure de longueur d'onde des rayons X
var (volt ampère réactif)		puissance réactive dans les courants alternatifs
volt	V	SI – tension électrique
watt	W	SI – puissance = 1 J/s = 10^7 ergs/s
weber	Wb	SI – flux magnétique = 10^8 maxwells

À partir de ces unités se forment leurs multiples et leurs sous-multiples, comme l'indique le tableau ci-dessous.

TABLEAU DES MULTIPLES ET DES SOUS-MULTIPLES DÉCIMAUX

Préfixe à mettre avant le nom de l'unité	Symbole à mettre avant celui de l'unité	Facteur par lequel est multipliée l'unité
téra	T	10^{12}
giga	G	10^9
méga	M	10^6
kilo	k	10^3
hecto	h	10^2
déca	da	10
déci	d	10^{-1}
centi	c	10^{-2}
milli	m	10^{-3}
micro	µ	10^{-6}
nano	n	10^{-9}
pico	p	10^{-12}
femto	f	10^{-15}
atto	a	10^{-18}

Remarques sur l'écriture des unités de mesure

1. Non précédées d'un nombre, les unités de mesure s'écrivent toujours au long :

Des tonnes d'oranges restaient invendues.

2. Précédées d'un nombre écrit en lettres, elles seront également toujours composées au long :

Il parcourut vingt kilomètres en cinq heures.

3. Précédées de chiffres, les unités de mesure seront :

– *abrégées* dans les travaux comportant de nombreuses indications chiffrées;

– *écrites au long* dans les ouvrages en renfermant peu.

4. Les noms d'unités, même tirés de noms de savants, s'écrivent sans majuscule et prennent la marque du pluriel :

l'ampère, le joule; cinq ampères, deux joules

Remarques sur l'écriture des symboles des unités de mesure

Les symboles des unités de mesure s'écrivent en romain sans point final, avec une majuscule quand le nom dérive d'un nom propre. Ils ne prennent jamais la marque du pluriel :

20 A, 5 Bq, 30 hPa
25 kg, 12 km, 20 kW, 125 cm^3

Certains symboles, comme celui du bar, sont identiques au nom de l'unité qu'ils représentent. Les deux écritures « 5 bar » et « 5 bars » sont donc correctes, suivant que l'on considère le symbole ou le nom de l'unité. La première expression sera préférée dans les textes dont les valeurs numériques sont suivies des symboles des unités, la seconde lorsqu'elles sont suivies des noms des unités.

Le symbole se place à la droite du nombre entier ou décimal :

0,05 g, 25,4 °C

Les sous-multiples d'unités non décimales s'écrivent à la suite sans ponctuation :

12 degrés 25 minutes 8 secondes, 11 heures 20 minutes
12° 25′ 8″, 11 h 20 min, 10 h 28 min 30 s

Toutefois, en matière de coordonnées géographiques, on rencontre des subdivisions *décimales*, donc avec virgule, de sous-multiples *non décimaux* :

32° 45′,6 N – 119° 32′,9 W

Les fractions matérialisées par une barre oblique ou horizontale ne doivent jamais être accompagnées des lettres ^{e}, ^{me}, ^{ième} :

3/8, 1/50 000

Voir aussi Franc *et* Mesures typographiques.

Unités militaires (noms d')

Les mots *armée, division, régiment,* etc., s'écrivent généralement au long et en lettres bas de casse, un numéro d'ordre caractérisant chacune de ces unités :

la 1re armée française
la 2e division blindée
le 17e régiment d'infanterie
le 5e génie
le 3e cuirassiers
le 8e chasseurs

Dans les ouvrages spécialisés, où ils abondent, ces noms sont souvent abrégés :

la 5e DI
le 4e BCP
la 2e DB
le 41e RANA
le 3e RMT
la 6e DIC

Les numéros d'unités se composent en chiffres arabes. Toutefois, dans les récits de guerres ou de batailles, pour éviter des confusions, des chiffres romains grandes capitales seront attribués aux numéros des unités de l'un des deux camps :

La 5e armée française s'enfonça en coin entre les Ire et IIe armées allemandes.

À défaut de numéro, certaines unités sont individualisées soit par un nom, soit par un adjectif, soit par les deux à la fois (avec capitale initiale à l'adjectif précédant le nom) :

l'Afrikakorps
l'Armée rouge
la division Leclerc
l'escadrille des Cigognes
la Garde (la garde impériale)
le groupe d'armées Vistule
la Légion arabe
la légion Condor
la Légion étrangère, la Légion
la Vieille Garde

mais on écrira en bas de casse :

la garde impériale	la garde nationale

Dans certains cas, il sera plus clair de recourir aux guillemets :

la brigade « Pour la liberté des Slaves »
la division blindée « Grande Allemagne »
la division « Das Reich »
l'escadrille « Normandie-Niémen »

Sous l'Ancien Régime, de nombreux régiments portaient de véritables noms propres composés avec trait d'union et capitales :

Colonel-Général	le Royal-Cravate
Royal-Artillerie	le Royal-Étranger de la Reine

Université

Voir Enseignement.

Véhicules (noms propres de)

Les noms propres de bateaux, avions, trains, etc., cités dans un ouvrage, reproduisent en principe exactement la dénomination portée sur le véhicule lui-même. Pour en marquer l'authenticité, on les composera en *italique* (dans un texte en romain et *vice versa*).

Chaque appellation appartenant en propre à un véhicule unique recevra une capitale initiale – au moins à son premier mot.

L'application de ce double principe peut présenter des difficultés lorsque le nom propre est précédé de l'article et qu'il est constitué de plusieurs termes.

Caractère de l'article initial

L'article défini précédant le nom propre du véhicule ne se met en italique et ne prend une majuscule que s'il fait *indiscutablement* partie du nom et n'est pas modifié (c'est-à-dire traduit ou contracté) ; on notera, en particulier, que, devant un adjectif, l'article est généralement compris dans l'appellation :

La Belle Poule	*mais* :	l'*Aurora*
sur *Le Cid*		à bord du *Cid*
Le Cisalpin		le *Mistral*
L'Infatigable		l'*Indefatigable*
La Marseillaise		le *Romilly*
Les Trois Grâces		la *Ville d'Alger*

GENRE DU NOM PROPRE

L'article qui précède le nom propre *français* prend le genre de celui-ci. Ainsi le recommandent les circulaires ministérielles des 13 août 1934 et 22 mars 1955 approuvées par l'Académie française et par l'Académie de marine :

la *Croix du Sud*	le *La Fayette*
la *France*	la *Minerve*
la *Jeanne d'Arc*	la *Normandie*

Devant un nom propre étranger et devant certaines dénominations au genre indéterminé, on emploiera de préférence l'article masculin :

le *Dunkerque*	le *Marseille*
le *FNRS III*	le *Misso Maru*
le *Lusitania*	le *Pourquoi Pas?*
le *Madagascar*	le *Va, petit mousse!*

mais on admettra :

la *Queen Mary*	la *Santa Maria*

ainsi que :

le *Normandie*	le *France*

consacrés par l'usage.

EMPLOI DES CAPITALES

On mettra une majuscule :

– à l'article initial (s'il fait partie du nom propre);

– aux principaux noms et adjectifs;

– au premier mot seulement dans les appellations en forme de proposition (complète ou abrégée) :

l'*Au gré du vent*	le *Night Ferry*
La Belle Hélène	le *Papillon des vagues*
le *Dieu te protège*	le *Puerta del Sol*
le *Joyeux Compagnon*	le *Vieux Charles*

EMPLOI DU TRAIT D'UNION

Italique et majuscule(s) suffisent pour distinguer du contexte le nom propre de véhicule et pour éviter toute confusion de sens; point n'est donc besoin d'ajouter, entre les termes qui constituent ce nom, d'autres traits d'union que ceux qui existent déjà dans la langue courante :

La Bien-Aimée	le *Duguay-Trouin*
le *Château de Chenonceaux*	la *Marie des Isles*
la *Dame de Cœur*	la *Perce-Neige*

Remarques

1. Les noms propres de marques ou de types de fabrication de véhicules restent en romain :

une Renault	le Super-Frelon
une AX, une 605	un Vaurien
un Mirage	le Leclerc

2. Les noms génériques de modèles indiquant le genre, le poids ou la capacité, la puissance ou le système de propulsion restent en bas de casse :

un aérotrain	un coupé
un break	un quinze-tonnes
un camping-car	une traction-avant

3. Il ne faut pas confondre les noms propres de *trains*, qui se composent en italique, avec ceux des *lignes de chemin de fer*, qui restent en romain :

l'*Arbalète*	le Transandin
l'*Étendard*	le Transsibérien

4. Les noms des engins spatiaux se composeront en italique (avec capitales initiales), qu'il s'agisse d'engins uniques ou de séries :

le biosatellite *Spoutnik 5*
la capsule *Gemini*
les fusées *Atlas, Diamant 5, Saturn 5, Thor, Ariane*
les satellites *A1, Diadème 1, Discoverer, Early Bird, Echo 2, Midas, Samos, Syncom 3, Telstar 1*
les satellites habités *Soyouz 2, Voskhod 2, Vostok 6*
les sondes spatiales *Lunik 3, Mariner 5, Venus 4, Venusik*
les navettes spatiales *Challenger, Columbia, Hermès*

Vers (composition des)

Les vers constituant la totalité d'un ouvrage (théâtre, poésie) se composent en un caractère dont la force devra permettre aux vers les plus longs de tenir dans la justification prévue (sauf exceptions).

En règle générale, on dispose le vers le plus long au milieu de la justification et on aligne à gauche sur celui-ci ceux de même mesure, c'est-à-dire ayant le même nombre de pieds, quelle qu'en soit la longueur, qu'ils se suivent ou qu'ils soient coupés par du texte :

Que tu sais bien, Racine, à l'aide d'un acteur,
Émouvoir, étonner, ravir un spectateur !
Jamais Iphigénie en Aulide immolée
N'a coûté tant de pleurs à la Grèce assemblée,
Que, dans l'heureux spectacle à nos yeux étalé,
En a fait sous son nom verser la Champmeslé.

(Boileau, *Épître VII.*)

De votre douce haleine
Éventez cette plaine,
Éventez ce séjour
Cependant que j'ahanne
À mon blé que je vanne
À la chaleur du jour.

(Du Bellay, *Jeux rustiques.*)

Si les vers sont de mesures différentes, les plus courts seront rentrés d'autant de demi-cadratins qu'ils ont de pieds en moins :

Pour moi, satisfaisant mes appétits gloutons,
J'ai dévoré force moutons.
Que m'avaient-ils fait ? Nulle offense ;
Même il m'est arrivé quelquefois de manger
Le berger.

(La Fontaine, *Les Animaux malades de la peste.*)

Et l'on voit des commis
Mis
Comme des princes,
Qui jadis sont venus
Nus
De leurs provinces.

(Panard, vaudeville.)

Lorsqu'un vers ne tient pas dans la justification, on en reporte le dernier mot ou les dernières syllabes à la suite du vers suivant ou, plus rarement, du vers précédent, en plaçant un crochet ouvrant avant le mot ou la partie de mot reporté (rejet) :

Les oisillons, las de l'entendre,
Se mirent à jaser aussi confusément
Que faisaient les Troyens, quand la pauvre
Ouvrait la bouche seulement. [Cassandre [1]

(La Fontaine, *L'Hirondelle et les Petits Oiseaux.*)

Cette configuration doit rester l'exception puisque l'on a posé pour principe que la force du caractère doit être choisie pour permettre aux vers les plus longs de tenir dans la justification prévue.

1. On peut aussi couper à la césure :

Que faisaient les Troyens,
[quand la pauvre Cassandre

Les alinéas se marquent, comme dans la prose, par un renfoncement d'un cadratin, et souvent par un blanc supplémentaire :

> Comme le corps royal ayez l'âme royale,
> Tirez le peuple à vous d'une main libérale,
> Et pensez que le mal le plus pernicieux
> C'est un prince sordide et avaricieux…
>
> Soyez comme un bon prince amoureux de la gloire
> Et faites que de vous se remplisse une histoire,
> Du temps victorieux, vous faisant immortel
> Comme Charles le Grand ou bien Charles Martel.
>
> Ne souffrez que les grands blessent le populaire ;
> Ne souffrez que le peuple au grand puisse déplaire…
>
> Ne vous montrez jamais pompeusement vêtu :
> L'habillement des rois est la seule vertu.
>
> (Ronsard, *L'Institution pour l'adolescence du roi.*)

Dans le théâtre, lorsqu'un même vers se rapporte à plusieurs interlocuteurs, ses diverses parties sont disposées « en escalier » :

VALÈRE
Et quel est le dessein où votre âme s'arrête,
Madame ?
MARIANE
Je ne sais.
VALÈRE
La réponse est honnête.
Vous ne savez ?
MARIANE
Non.
VALÈRE
Non ?
MARIANE
Que me conseillez-vous ?
VALÈRE
Je vous conseille, moi, de prendre cet époux
(Molière, *Tartuffe*, acte II, scène IV.)

Il est de règle de faire débuter chaque vers par une capitale initiale. Certains auteurs modernes rejettent cependant cette habitude classique et tiennent à ce que l'on respecte leurs propres conceptions.

Vers cités

Voir Citations.

Volume

Voir Livre.

Zoologie

Voir Botanique et Zoologie.

INDEX

B

C

F

G

O

P

Q

R

S

T

U

V

Z

Cette quatrième édition
a été achevée d'imprimer
sur offset blanc de 80 g
sur les presses de l'Imprimerie nationale
en octobre 1997

Jean-Luc VIALLA étant président

Imprimerie nationale 7 933008 KIN – Dépôt légal novembre 1990